교육과정에 돌직구를 던져라

교육과정에 돌직구를 던져라

초판 1쇄 발행 2014년 11월 21일
초판 8쇄 발행 2020년 9월 28일

지은이 | 정성식

발행인 | 김병주
출판부문대표 | 임종훈
주간 | 이하영
팀장 | 신은정
디자인 | 디자인붐
마케팅 | 박란희
펴낸 곳 | (주)에듀니티(www.eduniety.net)
도서문의 | 070-4342-6114
일원화 구입처 | 031-407-6368 (주)태양서적
등록 | 2009년 1월 6일 제300-2011-51호
주소 | 서울특별시 종로구 인사동 5길 태화빌딩 9층

ISBN 979-11-85992-03-7 (13370)
값 15,000원

이 책은 저작권법에 따라 한국 내에서 보호를 받는 저작물이므로 무단 전재 및 복제를 금합니다.

교육과정에 돌직구를 던져라

정성식 지음

에듀니티

| 추천의 글 I |

어느 날 이 책의 저자 정성식 선생이 교육감실로 찾아와 두툼한 원고 뭉치를 건네주었다. 읽고 추천사를 써 달라는 것이었다. 그 순간 '이 사람이 내 하루하루의 일정이 얼마나 힘든지 알기나 하나, 그리고 읽어 보고 추천사를 쓸 만한 정도의 책이 아니면 어떻게 하나'라는 생각을 했다.

며칠이 지나고 나서 조금씩 원고를 읽기 시작했다. "교육과정에 돌직구를 던져라"는 책의 제목이 좀 거칠다는 느낌을 가지면서 한 페이지 한 페이지 읽어 내려가는데, 나도 모르게 서서히 글의 매력 속으로 빠져 들어갔다.

관념의 세계에서 언어와 문장을 구성해낸 글이 아니라 학교에서 매일매일 아이들을 만나고 동료 교사와 행정직원들과 교장과 교감을 만나면서 부딪치는 문제들을 여과 없이 들추어내는 작업, 즉 돌직구를 던지는 작업이 실타래처럼 이어졌다. '아~ 교사들의 삶에는 이런 일들이 벌어지고 있구나'라는 뒤늦은 깨달음과 함께 '그런데 교육감인 나는 그동안 뭘 했던 거야'라는 탄식이 나왔다. 거기에서 끝나지 않았다. '그래 그렇다면 이렇게 돌직구를 던져서 하고자 하는 것이 뭐야'라는 질문에 대한 답, 즉 돌파구가 돌직구에 이어서 나오고 있었다.

원고를 다 읽고서야 비로소 필자 정성식 선생이 나에게 추천사를 써 달라고 한 진정한 의도를 파악하게 되었다. 그것은 교실에서, 학교에서, 교사의 삶에서 어떤 일이 벌어지고 있는지 설명하고 싶으니 면담 시간을 달라 하면 결코 그런 면담을 허용할 리 없다는 걸 알고 추천사 쓰기를 통해서 자신의 말을 교육감에게 전하고자 하는 것이었다. 그러한 필자의 의도에 나는 깊이 머리 숙여 감사하는 마음을 갖게 되었다.

필자가 던지는 돌직구는 지금 이 순간에도 전국의 거의 모든 교사가 겪고 있는 고통의 보따리들이다. 캐비닛에 들어가고 말 교육과정을 만들 수밖에 없는 현실, 리모델링만 해도 되는데 끝없이 새로 짓기를 하는 교육과정, 강사는 수업하고 교사는 뒷수발드는 방과후학교, 자율선택이라면서 실제로는 강제적인 평가 잣대, 너무나 많은 목적사업비, 끝없이 이어지는 '닥공(닥치고 공모사업 신청)' 등을 향해 필자가 스스로 그리고 우리에게 던지는 돌직구이다.

매우 구체적이고 현실적이고 고통스러운 돌직구를 던진 필자는 이어서 돌파구를 하나하나 제시한다. (교육과정 만들기와 관련하여) 다니고 싶은 학교를 상상하라, 교육공동체의 약속을 정하라, 선택하라 집중하라, 공간을 활용하라, 시간을 주라, 아이의 눈으로 써라, 공감을 기록하라 등등의 돌파구는 실현 가능성이 매우 큰 제안들이다.

필자는 이 책의 곳곳에서 자신의 혼을 실어 동료 교사에게 호소한다. "교사는 교육과정의 전문가이고 살아 있는 교육과정의 실체이다. 그런데 교육과정 전문가의 자존심은 어디로 가고 언제까지 사설업체의 프로그램만 돌리며 위안으로 삼을 것인가? 진정한 위안은 예비교사 시절부터 우리가 꿈꾸던 살아 있는 교육과정 전문가로 거듭나는 데 있다. 그 꿈을 다시 꿀 것인가? 말 것인가?"

교육과정은 학교 수업의 출발점이고 근간이다. 그러나 현실에서 교육과정은 아무런 의미도 찾지 못한 채 캐비닛 속에서 긴긴 잠을 자고 있다. 이와 관련하여 필자는 "무엇보다 아이의 눈으로 교육과정을 써야 한다. 수업도 아이의 눈으로 보라고 하지 않던가? 그러려면 교육과정이 먼저 아이의 눈으로 읽을 수 있게 쓰여야 한다. 그런데 수업의 근간이 되는 교육과정은 늘 어렵다. 아니, 교육과정을 아이의 눈으로 써야 한다는 생각조차 하지 못하고 있다. 어떻게 하면 아이의 눈으로 교육과정을 쓸 수 있을까? 막상 해보면 그리 어렵지 않다. 교육과정편성위원회에 학생, 학부모 대표를 참여시키거나 이런 작업을 함께 해나가면 된다."

교사로서 필자가 가장 애정을 기울이는 것은 교사공동체이다. 성찰과 소통이 있고, 공감이 있는 교사공동체가 필자가 꿈꾸는 교사의 세계이다. 그래서 그는 동료 교사와 함께 수업 나누기를 이어가고 있다. 그리고 그 절정에 낳으시고 길러 주신 필자의 부모님이 계셨다. 2012

년 11월 28일은 필자 정성식 선생에게는 평생 잊을 수 없는 감격의 날이다.

그날 그는 부모님을 모시고 동료 교사와 함께 수업공개를 했다. "수업하는 내내 흡족해하시며 저와 아이들을 지켜보는 부모님과 형님을 보며 가슴이 벅찼습니다. 교단에 서 있는 것이 참 자랑스러웠습니다. 오늘의 이 감동 안고 다시 신나게 아이들과 더불어 살아갈 자신도 생겼습니다. 아버지, 어머니! 고맙습니다. 사랑합니다. 그리고 같이 수업공개를 해주신 왕궁초 모든 선생님께 진심으로 감사드립니다."

이 책의 원고를 읽고 나니 교사의 세계로 들어가 그들의 삶을 있는 그대로 지켜본 듯한 생생한 감동이 내 가슴을 가득 채우고 있다.

김승환, 전라북도교육감

| 추천의 글 II |

 교육과정은 무엇을, 어떻게 가르치고 배울 것인지를 다룬다. 여기서 '무엇'에 해당하는 것이 교육내용이요, '어떻게'에 해당하는 것이 교육방법이다. 즉, 교육과정은 교육내용과 교육방법에 대한 이론이자 실천이다.

 1918년 보비트(Franklin Bobbitt)가 『교육과정(The Curriculum)』을 출간한 이래 교육과정은 비로소 하나의 학문 영역으로 자리 잡기 시작했다. 보비트는 아이들이 학교에서 공부하는 것을 이상적인 성인이 되기 위하여 필요한 지식을 습득하는 과정이라고 보았다. 교육과정에 대한 보비트의 이러한 인식은 타일러(Ralph Tyler), 블룸(Benjamin Bloom), 메이거(R. Mager)를 거쳐 오늘날 '행동적 수업목표'와 '이원목적분류표'로 이어지고 있다. 가르치고 배우는 과정을 통하여 도달해야 할 목표를 명확히

정하고, 목표에 따른 학습경험의 선정과 조직 그리고 평가를 할 때에는 목표로 정한 것을 기준으로 해야 한다는 타일러의 논리는 '성취기준'과 '성취수준'이라는 용어로 환생하여 우리 교실을 지배하고 있다.

그래서 다시 묻지 않을 수 없다. 오늘날 교육과정은 교사와 학생들에게 어떤 의미일까? 교사는 체계적으로 조직된 교육과정을 잘 전달하는 역할에 머물러야 할까? 아니면 이를 적극적으로 재구성하여 아이들의 삶 속에 녹여내야 할까? 혹은 한 걸음 더 나아가 교육과정 속에 담긴 지식의 성격과 의도까지 파악하고, 아예 교육과정을 구성할 때 교사도 참여할 수 있게 해달라고 요구해야 하는 것일까? 생각할수록 혼돈의 연속이다. 교육과정과 관련한 교사의 역할 말이다.

미국에서 지적 전통주의가 득세하던 1969년, 슈왑(Joseph Schwab)은 "미국의 교육과정학은 죽어가고 있다"라고 선언하면서 당시 미국 교육과정이 '실제적(practical)'이지 않다고 개탄하였다. 우리는 그가 왜 미국 교육과정을 실제적이지 않다고 지적했는지 주목할 필요가 있다. 그가 말한 '실제적'이란 말은 바로 교육과정 실행의 주체인 교사가 교육과정의 구성과 개발 과정에 참여해야 한다는 의미를 담고 있다.

그래서 이번에 받아 든 정성식 선생님의 『교육과정에 돌직구를 던져라』가 더없이 반갑다. 이 글은 교육과정을 통하여 배움과 삶의 분리를 극복해보고자 노력해 온 선생님의 경험이자 흔적이다. 선생님은 삶이 되는 교육과정을 방해하고 있는 요소들을 날카롭게 지적하고 있다. 이론적인 규명이 아니라, 오로지 학교 현장에서 보고 듣고 느끼고 실천한 바에 따라 꼼꼼하게 적고 있다.

독자들은 이 글에서 '종이' 교육과정과 삶이 되는 교육과정의 차이를 만난다. 특히 이 책의 본론 격이라 할 수 있는 5장 '교육과정은 어떻게 삶이 되는가?'에는 저자의 생생한 경험이 녹아들었다. '다니고 싶은 학교를 상상하기'는 교사나 학부모뿐만 아니라 아이들에게 아주 신나는 경험이다. 이러한 상상이 바로 배움과 삶을 일치시켜 나가는 노력이다.

'돌직구'라 하여 기존 교육과정에 대한 비판에 머물지 않고 장마다 '자신에게 던지는 돌직구'를 적었다. 비판 뒤에 나오는 냉정한 자기 성찰 과정이다. 이러한 성찰을 바탕으로 교육과정의 '돌파구'를 열고자 노력하고 있는 선생님의 실천에 박수를 보내며 이 글이 교사들은 물론이고 교육과정에 관심이 있는 연구자나 예비교사들에게 널리 읽히기를 기대한다.

함영기, 교실밖교사커뮤니티 대표

| 여는 글 |

종이교육은 그만하고
삶을 살아가고 싶다

교사가 교육은 그만하고 싶다니 이 무슨 말인가? 배부른 소리라고 나무라겠지만, 빈말이 아니다. 나는 지금까지 해왔던 교육은 그만하고 싶다. 정규교과 이외에도 학교에서 참 많은 교육을 했다. '교육'이라는 말이 붙은 것들을 떠올리며 손가락을 구부려 보니 금방 열 손가락이 모자란다. 이 많은 교육을 해왔지만, 내 마음은 왜 이렇게 늘 허전한 걸까? 교사인 내가 이런데 아이들의 마음에 교육이 닿았을 리가 없다.

부끄럽지만, 내가 해왔던 교육은 다 종이교육이었다. 온갖 미사여구만 가득했다. 국가수준의 교육과정은 정이 안 갔고 이런 교육과정을 이용하여 학교교육과정을 만드느라 숫자 퍼즐 맞추기나 해야 했다. 교육과정은 삶에서 한참 멀었다. 그저 때가 되면 후다닥 처리해야만 하는 행정 업무였다. 교육과정과 수업, 평가는 따로 놀았고 중구난방이었다. 이렇게 알맹이가 채워지지 않으니 어찌 허전하지 않았겠는가?

교육과정 재구성을 강조하는데 이를 다시 교육실적과 연관 짓는 교육행정은 그나마 생기고 있던 관심에 찬물을 끼얹고 말았다. 그래도 빈 마음을 채우기 위해서라도 포기할 수 없는 일이었다. 교육과정을 다시 들었다. 그리고 학교를 바라보기 시작했다. 이전과는 다르게 자세히 보았다. 오래 보았다. 삐딱하게 보았다. 그러다 보니 이전에 보이지 않던 것이 하나둘 보이기 시작했다. 나아가 교육과정에 대해 한 번도 생각해보지 않았던 의문이 생기기 시작했다.

이 책은 교육과정에 대한 이 의문을 풀어간 과정을 기록한 것이다. 총 2부 6장으로 구성했는데, 이를 '돌직구'와 '돌파구'로 나누었다. 1부는 돌직구이다. 1장부터 4장까지가 해당되는데 여기에서는 교육과정이 무엇인지, 왜 이렇게 두툼한지, 방과후학교와 더부살이하며 어떤 어려움을 겪고 있는지, 학교회계의 속사정은 어떤지 날카로운 질문을 서슴없이 던지며 나 자신을 돌아보고자 했다. 방과후학교와 학교회계도 학교교육과정과 맞물려 운영되다 보니 결코 따로 떼어놓고 볼 일이 아니었다.

2부는 돌파구이다. 돌직구만으로도 의미 있다 싶었는데 해법을 스스로 찾아야 했다. 너무 쉽게 대안이 뭐냐고 되물으니 말이다. 돌직구를 넘어 돌파구를 찾아야만 했다. 그래서 교육과정에 삶을 담고자 했던 일련의 과정을 5장에 담았다. 돌아보면 혼자 할 수 있는 일은 아무것도 없었다. 여럿이 함께하지 않았다면, 시도조차 할 수 없는 일이었다. 그 이야기를 교사공동체 이야기로 6장에 담았다.

영글지 않은 생각이 책이 되어 나오도록 도움을 준 이가 참 많다. 학교의 애환을 솔직하게 들려준 많은 선생님, 학교공동체를 함께 고민하고 실천했던 왕궁초 교육가족, 독서모임과 지역교사모임을 통해 교사공동체를 함께 내디뎠던 모든 분에게 매우 큰 도움을 받았다. 그리고 같은 교사이면서 나의 이런 고민을 직접 곁에서 지켜보며 격려하고 다독이면서 함께 걸어준 아내의 도움이 컸다. 이 모든 분에게 이렇게나마 감사의 인사를 드린다.

아들과 딸은 늘 내게 교육에 대한 영감을 불어 넣어준다. 이런 아들과 딸을 나는 매일 학교에서 수십 명씩 만난다. 이 아이들 또한 누군가의 소중한 아들이고 딸이다. 이 아이들과 행복하게 살아가려면, 교사인 나부터 출근하고 싶은 학교를 만들어야 했다. 그래야만 아이들이 다니고 싶은 학교, 학부모가 아이를 보내고 싶은 학교가 만들어질 것 아닌가? 교육과정을 삐딱하게 바라보니 우리의 이런 바람을 담을 수 있었다. 교육과정 재구성이라 점잖게 말하지 않겠다. 학교에 더 많은 상상력을 불어넣기 위해 교육과정을 더 삐딱하게 바라보겠다. 종이교육은 그만하고 삶을 살아가겠다.

2014년 가을
정성식

차례

추천의 글 Ⅰ · 4
추천의 글 Ⅱ · 8
여는 글 · 11

1부
교육과정에 던지는 돌직구

1장 **교육과정의 현실**
— 겉과 속이 왜 이렇게 다른가?

교수는 A4 한 장인데 교사는 책 한 권, 교사가 작가인가? · 23
캐비닛 교육과정을 도대체 왜 만들라는 것인가? · 28
교사, 교육과정을 말하다 · 33
리모델링만 해도 될 것을 꼭 새로 지어야 하는가? · 40
100대 교육과정, 2판 제본에 별책부록까지 만들어야 하는가? · 46

2장 교육과정 다이어트
— 무엇을, 어떻게 덜어낼까?

교육과정에서 무엇을 덜어낼까? · 53
법적 근거 붙여넣으며 쪽수만 불리나? · 61
교장이 바뀌면, 학교교육과정도 바뀌어야 하나? · 66
꼬리에 꼬리를 무는 사업, 학교가 회사인가? · 69
친절한 시수 편제, 숫자놀이 또 하나? · 73

 3장 교육과정과 방과후학교
— 더부살이가 교육복지인가?

방과후학교의 법적 근거, 언제 마련할 것인가? · 81
강사는 수업하고, 교사는 수발들고? · 86
8교시 수업도 모자라 저녁까지 학교에 있어야 하는가? · 93
자율선택이라며 평가 잣대는 왜 이런가? · 100
요구자료에 지친다. 학교 지원은 언제하나? · 109

4장 교육과정과 학교회계
― 왜 따로 놀고 마른 수건만 짜는가?

생색은 정부가 내고, 책임은 교육청이 지나? · 117
목적사업비, 왜 이렇게 많은가? · 123
닥치고 공모? · 130

2부
교육과정에 삶을 담기 위한 돌파구

5장 교육과정은 어떻게 삶이 되는가?

교육과정을 리셋하라 · 141
다니고 싶은 학교를 상상하라 · 146
교육공동체의 약속을 정하라 · 156
교육과정 워크숍, 교육을 이야기하라 · 161
선택하라, 그리고 집중하라 · 179
공간을 활용하라 · 192
성취기준과 연결하라 · 199

시간을 주라 · 204

학교회계를 읽어라 · 209

아이의 눈으로 써라 · 218

교육과정과 수업, 평가를 일치하라 · 224

공감을 기록하라 · 229

상장을 넘어 성장을 보라 · 233

6장 교육과정이 깊어지는 교사공동체 이야기

교실 문을 열고 나누었던 일상수업 · 239

첫 발령, 초심을 일깨운 교사부모초청 공개수업 · 250

트라우마를 날려버린 독서토론 · 257

지역교사공동체를 꿈꾸는 '희망교실네트워크' · 264

닫는 글 · 276

1부

교육과정에 던지는
돌직구

사람은 먼저 자신이 가야 할 길로 자신을 인도해야 한다.
그다음 다른 사람을 가르쳐야 한다.

A man should first direct himself in the way he should go.
Only then should he instruct others.

부처
Buddha

1장

교육과정의 현실

겉과 속이 왜 이렇게 다른가?

교육과정이란 무엇일까? '교육 목표를 달성하기 위하여 선택된 교육 내용과 학습 활동을 체계적으로 편성, 조직한 전체 계획'을 교육과정이라 하는데, 현장 교사들의 속내는 또 다르다. 교사들은 교육과정을 '1년짜리 공문', '면죄부를 위한 종이쪼가리', '가면', '화장', '결혼식 턱시도' 등으로 표현한다. 도대체 왜 이렇게 말하는 것일까? 그 이야기를 들어보자.

교수는 A4 한 장인데
교사는 책 한 권,
교사가 작가인가?

> " 교육과정을 짜는 게 너무 힘들어요. 교육과정의 새판을 짜보고 싶은 욕심도 있지만, 어떻게 하는지도 모르겠고 결국 작년 것에 연도를 바꾸고 바뀐 내용 수정해서 대충 마무리해요. 새로 다 쓰려면 책 한 권인데 어떻게 만들어요? " _ ㅇㅇ초등학교 연구부장교사

나는 운이 좋은 교사다. 외환 위기로 극심한 취업난을 겪을 때 교직 사회는 명예퇴직 바람이 불었는데, 이런 분위기에 편승하여 그리 좋지 않은 대학 성적으로도 간신히 교단에 들어올 수 있었으니 말이다. 거기다 복도 많은 교사다. 잘 가르치지는 못했지만, 그래도 한 해 두 해 지나면서 소식을 나누는 제자가 늘어가니 이만한 복이 어디 있으랴? 이렇게 운 좋고 복 많은 교사로 살지만, 그래도 가끔 내 신세가 처량할

때가 있다.

　교사는 교수와 비교하여 여러 가지 법적인 차별 대우를 받는다. 교수들이 시국선언을 하면 '지성의 표출'이지만, 교사들이 시국선언을 하면 징계 논란에 휩싸인다. 선출직에 출마할 때에도 차별이 있다. 교육감에 출마할 경우를 예로 들면 현직교사는 반드시 사직을 해야 하지만, 교수는 현직을 유지한다. 또한 교수는 주당 9시간의 수업이 법으로 정해져 있는 반면, 교사는 주당 표준수업시수조차 정해져 있지 않다.

　법적인 차별 대우만 있는 것이 아니다. 교수 활동 이외의 시간에 교수는 연구 활동에 주력하는 반면에 교사는 행정 업무를 해야 한다. 업무 강도도 교사가 훨씬 높다. 교수의 강의계획서는 보통 A4 한 장인데, 교사의 교육과정(교육계획서)은 책 한 권 분량이다. 교수나 교사나 같은 교육공무원인데 이 차이는 어디에서 생기며 무엇으로 설명할 수 있을까?

　교사가 되고 나서 해마다 책을 한 권씩 냈다. 이름하여 '교육과정'이라는 책이다. 어느 해엔가 복식수업을 해야만 했던 작은 시골학교에 근무할 때는 1년에 4권을 만든 적도 있다. 연구 업무를 맡아 학교교육과정을 1권 만들었고, 한 학년에 1명씩인 2명의 아이를 위해 각 1권씩 2권을 만들었고, 복식학급을 해소한다는 취지로 명예퇴직하신 분을 기간제교사로 채용했는데 학년교육과정을 만드는 것을 어려워하여 그 선생님이 맡은 학년의 교육과정까지 1권 더 만들고 나니 총 4권이 되었다. 2주 만에 4권의 책을 만들어야 했으니 이게 어디 교사라고 할 수 있었겠는가? 그 속에 어찌 아이들과 나의 삶이 있었겠는가?

물론 최악의 경우를 예로 들었지만, 대한민국의 교사 대부분이 많든 적든 3월을 이렇게 교육과정이라는 책을 만들며 시간을 보낸다. 새 학년, 새 학기를 맞아 새로운 만남을 준비하며 아름다운 관계 맺기에 온 신경을 써도 모자랄 판인데, 교육과정을 만드느라 바쁘다. 이 정도라면 교사를 작가라고 불러야 하지 않을까? 그것도 아주 불운한 작가라고 말이다. 보통 작가들은 원고만 쓰는데, 교사는 편집까지 손수 도맡아서 한다. 원고 마감 기한도 빠듯하다. 교원의 인사이동이 2월 말에 있고 업무분장이 3월 초에 이루어지기 때문에 약 2주 정도밖에 시간이 없다. 이렇게 짧은 기간에, 게다가 한 해도 거르지 않고 해마다 두꺼운 책을 만들어내니 어찌 작가라 아니할 수 있겠는가?

그런데 이렇게 심혈을 기울여 만든 책에 아무도 관심이 없다. 심지어 책을 만든 교사 자신도 관심이 없다. 학기 초에 행사 날짜 확인하고 시수 맞추느라 들여다보고는 더 이상 찾지 않는다. 그저 책꽂이나 캐비닛에 꽂힌 채 먼지만 쌓여간다. 새 학년이 시작되는 3월이면 교실도 바뀐다. 바뀐 교실에 새로 1년 살림살이를 갖추려면 책꽂이나 캐비닛에 꽂혀있는 철 지난 교육과정과 장학자료를 정리해야 하는데, 이것도 교사에게는 일거리이다. 그대로 두자니 비좁고, 쓸모없는 것을 버려야 그나마 교실이 정리되니 책꽂이와 캐비닛의 해묵은 자료에 손이 간다. 하나둘 빼서 버릴 것을 정리하다 보면 어느새 몇 개의 종이 묶음이 만들어진다. 그래서 나는 내가 몸담고 살아온 학교의 교육과정을 '캐비닛 교육과정(Cabinet Curriculum)'이라 부른다.

'공들여 만들어, 공들여 버리는' 교육과정을 만드는 예산도 만만치가 않다. 교육통계서비스에서 밝히고 있는 2013년 통계를 보면, 우리나라 학교 수는 총 20,086개이다(유치원: 8,678개, 초등학교: 5,913개, 중학교: 3,173개, 일반고: 1,525개, 특수목적고: 138개, 특성화고: 494개, 자율고: 165개). 학교 규모에 따라 발행 부수에 차이가 있겠지만, 교육과정을 제본하는 데 평균 잡아 학교당 50만 원이 든다고 가정하면 연간 100억 원이 넘는 예산이 쓰이는 것이다. 다른 비용은 제외하고 제본비로만 추정해도 대충 이 정도다.

이렇게 두툼하게 만들어내는 교육과정만 문제일까? 주범은 따로 있다. '만 개의 공문이 되어' 우리 교육을 단적으로 표현하라면, 나는 이렇게 말하고 싶다. 세월호 참사 이후에 많이 불린 '천 개의 바람이 되어'라는 곡에 빗댄 표현이지만, 다 그만한 이유가 있다. 한 해에 학교에서 처리하는 공문이 몇 건이나 될까? 많아야 몇백 건이라고 생각했다면 큰 오산이다. 2013년 한 해 동안 업무포털을 통해 학교에서 처리한 공문을 조회해보니 10,898건이다. 이 가운데 접수문서가 5,276건이고 생산문서가 5,622건이다. 이를 연간 수업일수로 나누면, 하루 평균 57건의 공문을 처리하는 셈이다. 학교에 이 많은 공문을 밀어 넣으며 교사가 제대로 된 수업을 할 것이라 보는가? 사회의 근간을 형성하는 학교 교육 여건이 이 정도라면 대한민국은 '공문공화국'이라고 불러도 전혀 어색하지 않다.

공교육 혁신이 화두가 되면서 핀란드의 교육 현실이 자주 회자되었다. 관련 서적과 자료를 들여다보니 핀란드의 교육과정, 학제, 교수법, 사회풍토 등 모든 것이 부러움의 대상이었다. 그러나 부러움에 집착한 나머지 우리가 쉽게 놓치는 부분이 있다. 그것은 바로 학교의 공문이다. 핀란드의 학교에서 1년간 처리하는 공문이 얼마나 될까? 놀라지 마라. 5건이 안 된다. 만 건이 넘는 우리나라의 학교와 비교도 안 된다. 교원의 업무를 경감하기 위해서 '공문 없는 날' 등의 자구책이 시행되고 있으나 여전히 아쉬운 대목이 많다. 학교혁신을 주문하면서 쏟아지는 그 많은 공문, 심지어 '공문이 몇 개가 줄었는지 보고하라'는 공문을 볼 때면 말이다.

해가 갈수록 문서 만드는 일에 대한 강도가 높아지는 것을 느낀다. 그럴수록 교사는 학생이 아닌 컴퓨터를 마주하는 시간이 늘어간다. 모든 교육을 종이로 하려는 학교에서 살아남기 위해서는 '종이교육'에 대한 근본적인 성찰이 있어야 한다. 공문을 끼고 논하는 어떤 교육혁신도 결국 공염불이다. 오늘도 어디선가 어떤 목적으로 요구하는 문서를 만들어내고 있지만, 도대체 이 많은 종이를 다 어디다 쓰려는 것인지, 이것이 정말 교육에 보탬이 되는지 묻고 싶다.

☞ 나에게 던지는 돌직구

1. 교수와 교사의 차이를 좁히려면 어떻게 해야 할까?
2. 나는, 우리 학교는 1년간 몇 건의 공문서를 처리할까?
3. 공문 가운데 내부결재 문서가 차지하는 비중도 높다. 내부결재 문서를 줄일 방법은 없을까?

캐비닛 교육과정을 도대체 왜 만들라는 것인가?

" NEIS(교육행정정보시스템)를 도입할 때 교육부는 교육과정도 NEIS로 처리하면 되니 교원의 일거리가 많이 줄 거라고 홍보를 했어요. 그런데 막상 도입되었는데도 학교교육과정 운영은 옛날 그대로예요. 아니 이전 것은 그대로 하고 거기에 NEIS와 정보공시까지 생겼으니 일거리가 오히려 늘었어요." _ ㅇㅇ중학교 교무부장교사

"학교는 교육과정을 운영하여야 한다." 초·중등교육법 제23조 제1항에 명시하고 있는 교육과정에 관한 법적 근거이다. 그런데 우리는 이 조항을 "학교는 교육과정을 '두툼한 책으로 만들어' 운영하여야 한다"라고 잘못 이해하고 있는 것은 아닐까?

학교는 NEIS와 정보공시시스템을 이용하여 교육과정을 운영하고

있다. 즉 연간 학사 일정, 교과 편제 및 시수, 수업공개계획, 학생평가 계획, 진도표, 예산계획서 등등 학교교육과정의 모든 내용을 시스템에 등록하여 대국민서비스까지 하고 있다. 학교는 법에서 정한 시스템을 통하여 교육과정을 운영하고 있는데, 책자 형태의 교육과정을 또 만들며 이렇게 공을 들이는 이유는 무엇일까?

　NEIS를 도입할 당시 정부는 '교육행정의 정보화를 통하여 교육 생산성을 극대화하고 교원들의 업무를 경감시키기 위한 것'이라고 하면서 교사들의 극심한 반대에도 밀어붙였다. 이 제도의 시행과 관련하여 사회적 논란이 있었지만 전자정부법 제8조(전자적 처리의 원칙), 교육기본법 제23조 제2항(학교 및 교육행정기관업무의 전자화), 초·중등교육법 제25조 제5항(정보시스템에 의한 업무처리)이 제정됨으로써 학교는 2003년부터 NEIS를 통해 업무를 처리하고 있다.

　또한, 국민의 알 권리를 보장하는 한편 학교의 교육 실태를 정확하게 파악하여 학교 교육의 경쟁력을 높이기 위하여 학교 전반의 주요 정보를 객관적이고 투명하게 공개하도록 하는 〈교육관련기관의 정보공개에 관한 특례법〉이 만들어짐에 따라 2008년 12월부터 학교 교육에 관한 64개 항목의 정보를 매년 1회 이상 '학교알리미'에 공개하고 있다.

　그러나 교육부의 의도와는 달리 NEIS는 교원의 업무를 증대시켰다. 그 안에 들어있는 많은 메뉴는 결국 교사들에게 짐이 되었다. 반드시 입력하지 않아도 될 항목들을 메뉴에 넣음으로써 교사들의 업무가 쓸데없이 늘어난 것이다. NEIS가 도입되었지만, 교육청의 교육과정 관련 행정은 달라지지 않았다. 이 때문에 학교는 똑같은 내용을 시스템에도 입력하고 종이문서로도 만들어야 한다. 즉 NEIS와 정보공시시스템에 교육과정을 입력해야 할 뿐만 아니라 교육청에서 요구하는 책자 형태의 교육과정을 별도로 만들고 있는 것이다. 이는 교육활동에 전념해야 할 교사에게 행정 업무로 인한 이중부담을 주는 것이라고 생각하지 않는가?

각 시도교육청은 교원의 업무 정상화를 목적으로 〈교원업무경감계획〉을 마련하여 시행하고 있다. 교원업무경감계획에 따르면 "종이문서와 함께 전자문서로 이중 관리되고 있는 학교장 장부를 전자문서로 단일화하여 교사의 업무 경감 및 예산 절감을 꾀하고자 한다"고 명시하고 있다. 교육청이 책자 형태로든 파일 형태로든 별도의 교육과정을 제출하라고 요구하는 것은 이 계획에 정면으로 위배되는 것이다. 교육과정은 학교장 장부이다. 학교에서 다루는 장부의 종류와 처리 방법은 오른쪽 표에서 확인할 수 있다.

그런데 교사들은 왜 이렇게 공을 들이며 교육과정을 두툼하게 책으로 만드는 것일까? 이런 궁금증을 해결하기 위해 교육청에 교육과정과 관련하여 민원을 신청했다. "교육과정 제출을 요구하는 법적 근거를 답변해주시기 바랍니다"라고 했더니 교육청은 "제출 요구에 대한 법적 근거가 없다"고 답변했다. 그렇다면, 교육행정은 법치주의를 원칙으로 하기 때문에 법적 근거가 없는 교육과정 제출을 단위 학교에 요구해서는 안 된다. 책자 형태의 교육과정을 제출하라는 교육청의 요구 때문에 일선 학교에서 교사들이 감당하고 있는 부담이 너무 크다. 정보공시 따로, NEIS 따로, 교육과정 파일 제출을 따로 해야 함으로써

:: 전자화된 법정 장부 · 학교장 장부 종류 ::

연번	장부명		구분	비고
1	학교생활기록부		법정 장부	재학생은 전자문서로 관리 졸업생은 졸업과 동시에 출력하여 이중 관리
2	학교생활기록부정정대장(재학생)			학기 중에는 전자문서로 관리하고 학년도 종료 시점에 출력하여 보관
3	졸업대장/수료대장			전자문서로 처리 후 출력하여 보관
4	학교생활기록부정정대장(졸업생)			학기 중에는 전자문서로 관리하고 학년도 종료 시점에 출력하여 보관
5	결보강일지		학교장 장부	전자문서로 보관
6	학교교육과정편제및시간배당표			전자문서로 보관
7	지필평가일람표(과목별)			전자문서로 보관
8	수상대장			전자문서로 보관
9	수행평가일람표(과목별)			전자문서로 보관
10	진급반편성일람표			전자문서로 보관
11	월말출결통계표			전자문서로 보관
12	학교일지			전자문서로 보관
13	학기말성적일람표(과목별)			전자문서로 보관
14	학생 이동부	전입/편입/재입/복학		전자문서로 보관
		전출		
		자퇴/퇴학/제적/휴학		
		추가입학/입력누락자		
		계열/학과/반변경		
15	전체가정통신문			전자문서로 보관

일선 학교 교사들은 시스템 도입 취지와 어긋나게 업무가 폭증한 상태이다.

교육청에서는 단위 학교의 모든 교육활동을 NEIS와 학교알리미를 통해 확인 및 지도, 감독이 가능하다. 학부모뿐만 아니라 대국민서비스 차원에서 공개되는 교육활동계획과 결과를 만들기에도 교사는 버겁다. 따라서 교사의 업무 부담을 간소화하기 위해 NEIS와 정보공시 시스템을 도입한 것이라면, 마땅히 법적 근거가 없는 행정 관행은 개선되어야 할 것이다.

형식보다 내용에 충실하고 싶다. 그러기 위해서는 교육행정의 틀은 최소한의 것이어야 한다. 그럴 때에 학교 특색을 살려 만들어가는 교육과정, 교육과정 재구성이 문서라는 틀에 갇히지 않고 내용을 담아 실제 교육을 통해 구현될 수 있을 것이다.

☞ 나에게 던지는 돌직구

1. 법정 장부와 학교장 장부를 구분할 수 있는가?
2. 우리 학교에서 쓰는 장부는 어떤 것들이 있는가?
3. 우리 학교의 장부 가운데 꼭 필요한 것은 무엇이고, 쓰지 않아도 되는 장부를 구분할 수 있는가?

교사, 교육과정을 말하다

> "교육과정을 열심히 짰지만, 막상 수업은 따로 놀아요. 이럴 거면 교육과정을 왜 짜는지 모르겠어요. 그저 내라고 하니 열심히 쪽수 채워서 내는데, 일단 만들어놓고 나면 거들떠보지도 않아요."
>
> _ ○○초등학교 6학년 부장교사

앞에서 말한 민원은 하소연을 토로한 것이었지만, 반향은 의외로 컸다. 내가 근무하는 지역만큼은 이 민원을 계기로 교육청에서 제본된 교육과정을 제출하라는 요구를 더 이상 하지 않았다. 물론 그간의 관행이 남아있어 여전히 두툼한 교육과정을 만드는 학교들이 아직도 있지만, 어찌 되었든 교육청의 제출 요구가 없다 보니 그나마 운신의 폭은 만들어졌다.

교육과정에 대해 돌직구성 민원을 넣고 나니 이런 내 생각이 외곬이 아닌지 걱정도 되었다. 성격이 그리 모나지도 않고 여러 사람과 둥글둥글 잘 어울리는 편인데, 이 민원을 계기로 '송곳'이라는 별명도 하나 얻었다. 훈장인 셈이지만 부담도 컸다. 부담을 줄여볼 요량으로 교육과정을 주제로 한 컨설팅과 강의에서 교사들과 이야기를 나누었다. 교육과정에 대해 어떻게 생각하는지, 교육과정을 만들면서 느끼는 어려움은 무엇인지, 교육과정에 담아서 하고 싶은 교육활동은 무엇인지 등의 이야기를 나누어보았다.

다음에 그 내용 가운데 일부를 소개하고자 한다. 2014년 여름방학에 전북교육연수원에서 '1급 정교사 자격연수'를 받는 선생님들과 함께 나눈 이야기이다. 현장 교사들이 교육과정에 대해 어떤 이야기를 하는지 귀담아듣다 보면 교육과정의 현주소를 알게 된다. 나아가 감수성이 예민한 사람이라면, 교육과정이 앞으로 어떻게 나아가야 하는지 그 방향을 가늠해볼 수 있을 것이다.

먼저 '교사에게 교육과정이란 무엇인가?'라는 질문을 던졌다. 답을 휴대전화 문자메시지로 받았는데 이 질문에 대해 선생님들은 다음과 같은 의견을 주었다. 다음의 리스트를 보면서 공감하는 항목이 있다면 체크를 해보자. 혹시 자신이 생각하는 교육과정이 없다면 스스로에게 돌직구를 던져보자.

∷ 생각 나누기 1. 나(교사)에게 교육과정이란? ∷

일거리		에베레스트(등정하고 싶은데 아직은 준비가 안 된)
삶인데 현재는 뒤죽박죽		업무 중 하나
글짓기		모르는데 아는 척하는 것
얼른 해치우고 싶은 일		숫자가 틀리면 큰일 날 것 같은 것
가면		학생들과의 삶이고 싶다
올해 처음 만들어보았는데 많은 회의를 느꼈다		매년 쌓아가고 발전시키는 일련의 과정이고 싶다
면죄부를 위한 완벽한 종이쪼가리		있으면 편리한데 만들기는 힘든 것, 누가 만들어 줬으면 하는 것
겉만 번지르르한 화장		결혼식 턱시도, 멋들어지게 한 번 입고 말아버리니까
전년도 교육과정과 비슷하다		학기 말에 보는 책
업무		족쇄
실적		무용지물
빈 공약		1년짜리 공문
두렵고 막연한 것		레고
쉬는 날 찾는 도구		글쎄
무의미		거창하기만 한 계획서
짐		Ctrl+c, Ctrl+v(복사하기, 붙여넣기)
또 하나의 업, 해야만 하는 숙제		빈칸 채우기
복잡하다		지하철노선도, 우리 지역에선 무의미
의미 없는 것 자체		

어쩌다 교육과정이 현장 교사들에게 이렇게 찬밥 신세가 되었을까? 교사들이 무지몽매하여 이구동성으로 이런 이야기를 토로하는 걸까? 아니다. 현장 교사는 누구보다도 교육과정에 관한 전문가이다. 그런 전문가들이 이런 불만을 쏟아내는 데에는 다 그만한 이유가 있다. 그 불만의 목소리를 들어보자. 마찬가지로 공감하는 부분에 체크를 하면서.

:: 생각 나누기 2. 교육과정을 만들 때 어려운 점은? ::

현실과 문서의 괴리		철학의 공유	
교육에 대한 방향성의 차이		문서와 지침들	
한글 편집(복사&붙여넣기)		실제와 달라서 별로 의욕이 생기지 않는다	
교육과정과 실제 교육활동과의 괴리		실제 수업과 문서화된 교육과정과의 괴리. 실제 수업을 하나의 과목으로 정량화(국도사수과자진봉 등)시키기 어렵다	
학교교육과정에 학급교육과정이 종속되어있다. 행사 날짜가 조정되거나 행사의 성격이 변경되면, 그로 인해 학급교육과정이 끌려다닌다		NEIS에 1차시 1과목만 수업이 들어가지 않는 것도 어렵다. 가령 1~4교시에 국어, 사회, 과학을 주제중심통합으로 수업했다면, '국사과' 이런 식으로 입력해야 하는데 이는 실제 수업과 달라서 마음속 한 곳이 찜찜하다	
교육청에서 요구하는 여러 가지 창체 영역을 넣는 것		무시무시한 쪽수, 나도 쪽수 많이 채워야 할 것 같음	
작년 것을 거의 답습하는 것에 대한 양심적 가책, 하지만 어쩔 수 없이 그렇게 할 수밖에 없는 나의 능력		만들어는 봤으나 어떻게 만드는지 모르겠음	
기존 틀에 얽매인 답답한 내용과 편성		법정시수 맞추기	
창체 내용(○○교육, ××교육…)		주어진 틀 안에 내 생각을 표현하는 것	
형식적인 틀에 맞추기		시수 증배에 따른 교육과정 편성 운영	

표준화된 서식에 반드시 넣어야 한다는 무지	뭐가 뭔지 잘 모르는 점
내 삶, 아이들의 삶과 이야기를 자연스럽게 풀어내며 생활하고 싶은데, 글과 표로 만들려니까 너무 막막해서 결국은 시간 내에 끝내려고 형식적으로만 써내게 된다	실제 수업과의 괴리감? 연중 매 한 시간마다의 수업계획을 다 미리 제시해야 한다는 답답함
거짓 '교육과정계획'에 대한 교사로서 양심적 가책	실제적인 가이드라인보다는 미사여구에 치중된 지어내기
실제 수업과 교과관을 담기 어렵다	시수 계산
나만의 학급경영, 교육관이 세워지지 않은 채 해마다 만들고 있다	특색사업, 노력중점 만들 때 멋있는 문구가 들어있는 행사 만들기, 진행도 해야 하고…
현실과는 다른 계획	너무 많은 내용을 담고자 하는 것
말을 지어내기가 힘들다. 문장력 부족, 철학 부족	의미 없는 일을 하는 것 같아 힘들다
내가 할 것이 없는데, 내가 짜야 하는 것	빼고 싶거나 간략화하고 싶어도 눈치 보여서 굳이 집어넣게 됨
현실적으로 가능한가? 시간 맞추기 (보건, 독도 등 뭐는 몇 시간?)	스스로 왜 해야 하는지 모르기에 어렵고 짜증스럽다. 명분이 안 선다
숫자 안 맞을 때, 어디서 잘못된 건지 형식 맞추라고 할 때 시간 낭비 같음	때 늦은 교육청 요구자료를 창체에 이것저것 넣으라고 하는 것

현장 교사들이 내비친 속내를 들여다보니 교육부에서 내세우는 교육과정의 의미와 참 많이 다르다는 것을 알 수 있다. 교육과정은 왜 이렇게 겉 다르고 속 다른 신세가 되었을까?

교육과정에 담아 아이들과 함께하고 싶은 것에 대한 이야기를 나누다 보니 교육과정이 나아가야 할 방향에 대한 생각으로까지 이어진다. 마찬가지로 다음 리스트를 보면서 교육과정에 무엇을 담고 싶은지를 체크해보며 현장 교사들의 생각에 귀를 기울여보자.

:: 생각 나누기 3. 교육과정에 담아 아이들과 함께하고 싶은 것은? ::

교과서 통합에 따른 교과서를 보조로 하는 즐거운 활동	일상생활 삶을 발견하기
마음을 나누는 법	신나게 즐기며 표현하기
빗속에 뛰어들어 놀기	계절별 놀이
별 보기	다양한 관점으로 세상 보기
컴퓨터·휴대전화 게임이 아닌 놀이 (예, 전통놀이, 보드게임 등)	아이들과 함께 계획 짜서 국내 여행하기
우리 반 교실 야영	물총 싸움
산책, 관람, 놀이, 운동 등	체험, 형식에 얽매이지 않는 수업
아이들이 원하는 걸 함께 만들어가는 과정	날씨, 절기, 계절의 변화를 아이들과 직접 느껴보는 활동
장기프로젝트	다양한 학급행사
함께 호흡하고 즐겁게 놀 수 있는 활동	자유로운 학급 여행(계획 없이, 내 부기안 없이)
산책, 소풍, 노래 등	공동체 삶, 공감하는 삶
책 읽어주기	다양한 체험활동
마음껏 학교 밖을 돌아다니는 것	아이들이 하고 싶은 것들
즐거운 학급운영 방법	나와 아이들만의 행복한 교실
캠핑!	토론
놀고 싶다	재미나게 노는 것
1년을 꾸려갈 우리 반 굵직한 사업	가보고, 해보고, 체험교육활동
아이들의 생각을 담은 활동	교육을 통한 자기변화 계획
3박 4일 진안 대장정	오래도록 잊지 않는 추억 만들기
실적물을 제출하지 않아도 되는 자유로운 체험활동	내가 아이들에게 가르치고 싶고 같이 하고 싶은 것들
학생이 기획한 무기한 현장체험학습	초등학교 때 아름다운 추억 만들기

아침활동으로 운동, 놀이	아이들이 진짜 원하는 것
한해의 큰 콘셉트 같은 것을 담아 하나의 교육철학을 표현한다	랜덤놀이시간, 그때그때 괜찮은 놀이 종목으로 놀기
확고한 철학과 교육관을 담고 싶으나 아직 고민 중	진짜 함께 하고 싶은 것!!
1년 동안 영화를 만들어보고 싶다. 국어과의 촌극은 드라마로, 운문은 시낭송으로, 수학과는 인강으로, 과학과는 실험 동영상 제작을, 미술과는 백남준의 비디오 아트로…. 이런 식으로 1년 내내 아이들과 영화를 만들어보고 싶다. 아이들이 각종 영상매체의 콘텐츠 소비자로 살고 또 중독도 되어 있는데 실제 콘텐츠를 생산해봄으로써 공부와 미디어 중독에서도 벗어나게 해주고 싶다	

풋풋한 현장 교사들의 바람을 읽다 보면 뭉클하지 않은가? 이런 바람이야말로 우리가 진정 바라는 교육 현장의 모습이 아닌가? 이 소박한 바람이 꺾이지 않고 학교에서 마음껏 펼쳐지게 하려면 어떻게 해야 할까? 만 개의 공문을 처리하느라 컴퓨터 앞에 머물고 있는 교사를 아이들에게 돌려주어야 하지 않을까?

☞ 나에게 던지는 돌직구

1. 나에게 교육과정이란 무엇인가?
2. 교육과정을 만들 때 어려운 점은 무엇인가?
3. 교육과정에 담아 아이들과 함께하고 싶은 것은 무엇인가?
4. 내가 만들고 싶은 교육과정을 왜 만들지 못하고 있는가? 정말 제도의 문제인가?

리모델링만 해도 될 것을
꼭 새로 지어야 하는가?

" 교육과정이 개정되면 연구부장들은 줄줄이 불려 다녀요. 개정된 교육과정 연수를 받아야 하거든요. 그런데 이 연수는 정말 짜증이 나요. 연수 중에서 가장 받기 싫은 연수예요. 연구부장을 맡고 있어어쩔 수 없이 가기는 하지만, 중간에 나오는 적도 있어요. 좋은 말만 잔뜩 늘어놓으며 교육과정을 만들어가라는데 도대체 뭘 만들라는 건지 모르겠어요. 결국, 행정지침 시달하는 건데 나중에 공문으로 또 내려오거든요. 교육과정이 개정될 때마다 이렇게 시달리는데 '수시개정' 체제로 바꾸었으니 수시로 시달리죠. " _ ㅇㅇ초등학교 연구부장교사

연말이 되면 교육과정을 담당하는 교사에게 동원령이 내려진다. 연수에 참여하라는 것이다. 학교로 오는 공문이 다 그렇듯이 선택의 여

지는 없다. 참석 대상을 누구라고 밝히고 나면 예외 없이 참석해야 한다. 자격연수를 제외하면 모든 연수는 희망하는 사람이 받는 것이 원칙이지만, 이런 원칙이 무시되는 경우가 많다. 심지어 불참 시 사유서를 제출하라는 주문마저 딸려올 때면 어안이 벙벙하기까지 하다.

 자의 반 타의 반으로 참석하지만, 다른 연수와는 달리 이 연수에는 쉽게 빠져들지 못할 때가 많다. 해마다 되풀이되는 익숙한 연수패턴에 몸이 먼저 알고 반응한다. 교육과정에 대한 개괄을 설명하고 난 후에 어김없이 행정지침을 시달하는 것이 그 패턴이다. 이명박 정부가 들어서고 교육과정이 수시개정 체제로 바뀌면서 네 차례의 개정이 있었다. 이에 따라 동원령도 수시로 학교로 내려졌다. 이 연수에 참석해서 강사가 하는 말을 듣고 있노라면 앞에서 현장 교사들이 이야기한 '이상과 현실의 괴리'라는 말이 떠오른다.

 2009 개정교육과정이 들어오면서 교과편제 시수 가운데 20%를 학교가 선택해서 늘리고 줄일 수 있다는 이유를 들어 "교육과정 운영의 학교자율권이 확대되었다", "만들어가는 교육과정을 제대로 구현할 수 있게 되었다"며 학교의 적극적인 협조를 당부한다. 미안하지만 그렇게 느끼는 교사는 별로 없다. 학교평가와 학교성과급 등에 교육과정 자율화 현황을 평가지표로 반영하니 교사들은 울며 겨자 먹기로 이를 다시 문서로 만들어야 한다. 이러니 교사들에게는 교과편제 시수를 맞추느라 고생하던 '숫자 퍼즐'에 또 다른 미션이 추가된 것으로만 여겨진다. 교사들이 게을러서 그럴까? 아니다. 평가기준과 척도가 문제다. 이 문제는 3장에서 더 구체적으로 다루겠다.

그런데 더 큰 문제가 생겼다. 최근 교육부는 교육과정을 전면개정하고 있다. 2009 개정교육과정이 미처 자리를 잡기도 전에 다시 전면개정 카드를 꺼냈다. 총론부터 다시 손을 보겠다는 심산이다. 교육과정 개정이 학교에 도움이 되려면 총론보다 각론에 치중해야 한다. 그런데 교육부는 늘 새집만 짓는다. 리모델링만 해도 될 것을 굳이 다 부수고 새로 짓는다. 주민공청회도 없다. 이렇게 지어진 집이 온전할까? 세입자 입장에서 들어가 살다 보면 부실투성이다. 2009 개정교육과정에 맞추어 이제 막 이삿짐을 풀었는데, 짐 싸서 옮기고 다시 새 짐을 들이란다. 이게 무슨 날벼락인가?

얼마나 소리 소문 없이 진행하는지 교육과정 전면개정 사실을 모르는 교사도 태반이다. 전국교직원노동조합이 전국 교사 1,500명을 대상으로 진행한 설문조사 결과 응답자의 84.4%가 교육과정이 개정되고 있는 것을 '모른다'고 응답했다. 교사들은 교육과정 전문가다. 현장 교사들의 의견조차 무시한 채 진행되는 교육과정 전면개정에 우려의 목소리가 높다. 교육과정 개정에 앞서 대선 때 약속했던 교육복지공약을 먼저 실행해야 하지 않을까?

그동안 국가수준의 교육과정에 대한 문제가 계속 논란이 되어왔지만, 이 논란은 교학사 역사 교과서와 맞물리면서 정점에 다다랐다. 교육부는 "친일, 독재를 미화했다"는 비판을 받는 교학사 역사 교과서를 승인해주었다. 그 결과 이를 채택한 학교 측과 철회를 요구하는 시민의 목소리가 서로 충돌하면서 사회 갈등으로 나타나기까지 했다. 논란 끝에 교육부는 역사 교과서의 국정 전환을 시도하고 있고 이러한 시도는 더 큰 사회적 논란을 야기하고 있다.

『교과서를 믿지 마라』는 책이 출간되어 우리 교육의 현실을 통렬히 꼬집고 있지만, 아직 우리의 학교는 모든 수업이 교과서로 이루어진다고 해도 과언이 아니다. 교과서 편찬 실태만 비교해보아도 교육과정의 현실을 대충 알 수 있다.

교과서 발행은 크게 국정, 검정, 인정, 자유발행 체제로 나뉜다. 국정은 국가나 지방정부에서 직접 교과서를 제작하고 발행하는 것이다. 검정제는 국가나 공익적 기관이 마련한 기준에 따라 교과서를 제작해 심사받아 유통하는 것을 말한다. 인정제는 민간이 제작한 교과서를 국가나 지방자치단체가 사후에 인가하는 제도다. 검정제는 일종의 허가제이고, 인정제는 신고제인 셈이다. 자유발행제는 국가나 지방정부가 일절 개입하지 않는 제도다.

우리나라의 경우, 박정희 정부 시절 모든 교과서가 국정 체제였고, 현재는 초등학교 1~2학년의 모든 교과서와 3~6학년 국어, 수학, 사회, 과학, 도덕 교과서가 국정이다. 나머지 교과서는 검정과 인정 체제다.[1] 그렇다면 OECD 국가들의 교과서 편찬 실태는 어떨까? 〈시사IN〉은 역사 교과서 논란이 있던 시점에 OECD 국가를 대상으로 역사 교과서 발행 실태를 전수조사했는데 "34개 회원국 가운데 국정제가 남아 있는 나라는 멕시코, 그리스, 아이슬란드, 터키, 칠레 5개국뿐이었다(이 가운데 멕시코, 터키, 칠레는 검·인정도 병행한다). 국정과 정반대인 자유

---

1 〈시사IN〉 제333,334 설 병합호, 2014. 2.1/8

발행은 16개국이나 되었다. 서유럽 등 국내총생산(GDP)이 높을수록 상대적으로 자유발행제가 많았다. 검정은 11개국, 인정은 1개국, 다양하게 혼합해 운영하는 나라는 6개국이었다"고 밝히고 있다.

:: OECD 34개국 역사 교과서 발행 방식 ::

발행체제	해당 국가
국정	칠레, 그리스, 아이슬란드
검·인정	한국, 일본, 캐나다, 터키, 이스라엘, 체코, 헝가리, 오스트리아, 폴란드, 독일, 룩셈부르크, 벨기에, 포르투갈, 에스토니아, 슬로바키아
자율발행	미국, 멕시코, 뉴질랜드, 오스트레일리아, 핀란드, 스웨덴, 노르웨이, 영국, 아일랜드, 네덜란드, 스위스, 프랑스, 스페인, 이탈리아, 슬로베니아, 덴마크

발행체제를 혼용하는 국가는 국정과 검·인정이 혼합된 경우 검·인정으로, 검·인정과 자율발행이 혼합된 경우 자유발행으로 분류.

이런 세계적인 추세로 볼 때, 국정으로 돌아가려는 교육부의 의도를 어떻게 읽어야 할까? 결론은 하나다. 국정으로의 회귀는 세계화의 흐름으로 보아도 맞지 않고, 오히려 정 반대로 검·인정과 자유발행 체제를 확대해가는 것이 맞다. 그러나 교육부는 요지부동이다. 이를 보면 교육의 정치적 중립성은 시국선언을 한 교사들이 아니라 교육부 스스로에게 요구해야 하지 않을까?

우리나라 교육과정 체제는 친절하기로도 유명하다. 교사들이 알차게 수업할 수 있도록 교과서뿐만 아니라 차시별로 수업 시간 예상 질문까지 묶어가며 아주 상세하게 설명한 교사용 지도서까지 만들어준다. 이렇게 국가에서 다 만들어주면서, 교사에게 무엇을 또 만들라고 하면서 '만들어가는 교육과정'을 이야기하는지 도통 이해가 안 된다. 국정으로 회귀를 시도하는 정부에는 어림도 없는 소리로 들리겠지만, 정녕 만들어가는 교육과정을 원한다면 교사에게 교육과정 결정권을 주면 된다. 세계적인 추세도 그렇지 않은가? 제발 교사들의 목소리를 들어라. 교사도 모르는 교육과정 개정으로 무슨 교육이 되겠는가?

> ☞ 나에게 던지는 돌직구
>
> 1. 교육부에서 교육과정 전면개정을 하고 있는 사실을 아는가?
> 2. 교육과정 전면개정에 대해 어떻게 생각하는가?
> 3. 한국사 교과서를 국정으로 전환하려는 교육부의 시도에 대해 어떻게 생각하는가?

100대 교육과정,
2판 제본에 별책부록까지
만들어야 하는가?

" 우리 교장 선생님은 욕심이 많은 편이에요. 물론, 그런 욕심 때문에 학교가 좋아진 점도 있어요. 학교예산이 부족하다 보니 체험학습을 하기가 어려웠는데, 공모사업에서 받은 예산을 유용하게 썼거든요. 그런데 100대 교육과정은 제발 안 했으면 좋겠어요. 2년 전에 교장 선생님이 100대 교육과정에 응모하라 해서 1년 내내 교육과정을 붙들고 살았어요. 고치고 다시 고치고 정말 힘들었어요. " _ ○○중학교 연구부장교사

찬바람이 불면 반갑지 않은 손님이 학교로 찾아온다. 1학기 시작과 함께 교육과정을 만드느라 몸살을 앓은 교사에게 2학기 시작과 함께 '100대 교육과정 우수학교 공모 계획'이 날아든다. 자의든 타의든 이를 준비해야 하는 학교 입장에서는 그리 달갑지 않은 손님인 것은 분

명하다. 올해 날아든 공문을 살펴보니 그 목적을 다음과 같이 밝히고 있다.

100대 교육과정 우수학교 선정 계획의 목적
○ 학교 자율성에 기반한 '2009 개정 교육과정'의 실천을 통해 행복교육을 선도하는 교육과정 우수학교 100개교를 발굴·표창·홍보함으로써 공교육에 대한 신뢰 제고
○ 학생들의 꿈과 끼를 살리는 특성화된 교육 내용·방법·평가 체계 구축에 대한 동기 강화와 실천으로 학교 교육력 향상
○ 인성교육 중심의 교수·학습 및 평가방법, 창의적 체험활동 우수 사례를 발굴·보급함으로써 학교교육과정의 질적 수준 제고

100대 교육과정 우수학교 선정은 교육부에서 주최하고 각 시도교육청에서 해마다 돌아가면서 주관한다. 대상은 전국 초중고등학교(특수학교 포함)이며 지역별로 학교 수를 안배(최초 2배수)하여 자체 심사를 거친 다음 본 심사에서 최종 100개교를 선정한다. 선정된 학교에는 교육부 장관 인증패 및 기관 표창이 수여되고 상위 15% 이내 학교에는 500만 원, 그 밖의 학교에는 300만 원의 시상금이 주어진다. 나아가 지역청 별로 조금씩 차이가 있지만 유공교원 표창, 전보우대 가산점 부여, 학교평가 우수학교 선정, 학교성과급 우수 등급 등의 인센티브가 주어진다. 이런 체계를 보면 교육부에서 주관하는 전국 단위 연구대회와 매우 유사하다는 것을 알 수 있다.

100대 교육과정 공모에 임하는 교사들의 고충을 아는가? 다행히 100대 교육과정 우수학교에 들면, 위에서 열거한 다양한 인센티브가 부여되고 언론 보도를 통해 학교 홍보가 되니 이런 고충을 보상받는다. 하지만 이곳에 들어가는 문은 그렇게 넓고 호락호락하지 않다. 치열한 경쟁이 비로소 시작된다. 이 문에 들기 위해서 교사는 결국 더 오래 컴퓨터 앞에 앉아, 더 멋진 미사여구로, 더 색상이 화려한 학교교육과정을 만들어야 한다. 담당 교사가 자원한 경우라면 그나마 다행이지만, 이마저도 개운하지 않은 건 사실이다. 교사가 이렇게 긴 시간 문서 작업에 붙들려있다 보면 결국 아이들에게 소홀해지기 때문이다.

누군가의 요구나 부탁으로 이 일을 떠맡으면, 해당 교사의 고충은 이루 말로 다할 수가 없다. 이 요구나 부탁을 누가 하는지 짐작하기란 그리 어려운 일이 아니다. 심사 결과를 시도교육청 평가에 반영하고, 시도의 참여도를 다음 해의 시도 추천학교 수 배정에 반영한다. 이런 공모 방식은 결국 시도교육청은 교육지원청으로, 교육지원청은 학교로, 하청의 하청을 부른다. 그리고 하청의 끝은 결국 아이들이다.

이렇게 자의든 타의든 100대 교육과정에 공모하고 나면 교사는 1년 동안 교육과정에 매달리게 된다. 1년 내내 데이터를 취합해야 하고 정제된 형식의 계획서와 보고서를 작성하는 데에만 보통 두 달 가까이 시간이 걸린다. 고치고 새로 쓰기를 반복하다가 드디어 발표 시점이 다가오면, 연초에 만든 교육과정과는 다른 교육과정이 만들어지고 이를 제본하여 제출한다. 이렇게 2판 제본된 교육과정은 확실히 초판과는 다르다. 장마다 교육활동 사진이 화려하게 곁들여진다. 그러다 보니 양은 애초보다 두 배나 불어나고 이를 해결하기 위해 별책부록까지 만든다.

  교육과정은 1년의 교육활동 계획서인데, 어떻게 하지도 않은 교육활동 사진이 들어가는지 의아하지 않은가? 이런 현실이 우수사례를 발굴하여 홍보함으로써 학교 교육력을 높인다는 목적에 부합하는가? 그러나 이런 의문 따위는 심사에 그리 중요하게 반영되지 않는가 보다. 이렇게 1년 내내 교사는 교육과정을 만든다. 이것이 '만들어가는 교육과정'의 현주소다.

  그렇다면, 이렇게 만들어진 100대 교육과정은 애초에 밝힌 목적대로 공교육에 대한 신뢰를 높이고 학교 교육력을 향상시킬까? 미안하지만 그 실효성에 의문을 제기한다. 100대 교육과정 우수학교에 선정된 학교의 교육과정을 본 적이 있는가? 연초에 학교로 배송된 우수사례 자료집을 한두 해 들여다본 적은 있다. 하지만 지역이 다르고, 구성원이 다르고, 적용하는 지점이 달라서 우리 학교에 적용하기가 쉽지 않다. 결국, 한두 번 호기심에 들여다보고는 이 책 또한 교무실 책꽂이에 꽂혀 거기서 한 번도 벗어나지 못하는 신세가 되고 만다.

  100대 교육과정을 운영하는 예산도 만만치 않다. 교육부의 예산자료와 올해 100대 교육과정을 주관하는 전라남도교육청의 예산서를 참고해보니 해당 학교에 대한 시상금(3억 3천만 원), 인증패(6백만 원), 심사수당(3백만 원) 항목 이외에도 연찬회나 보고회 등의 명목으로 많은 예산이 잡혀있다. 교육부에서 시도교육청으로 지방교육재정 보통교부금을 교부할 때 학교·교육과정운영비는 '학생 수×단위 비용'으로 산출

한다. 2014년도 교육과정운영비 총액은 학생 1인당 5만 5천 원이다. 턱없이 부족하지만, 이마저도 학교로는 제대로 오지 않는다. 시도교육청, 교육지원청을 거치면서 사업화되어 쪼개지고 나면 학교에서 교육과정운영비 명목으로 책정할 돈은 늘 허덕이게 된다.

 100대 교육과정과 같은 특정 사업을 줄이고 관련 예산을 고르게 학교로 보내주면 안 되는 것일까? 소수의 몇 명을 위해 나머지 학생을 들러리 세우는 대회는 비교육적인 요소가 많아서 최근 많은 학교가 대회를 폐지 또는 축소하고 발표회로의 전환을 시도한다. 이런 흐름을 더 적극적으로 교육부와 교육청이 지원해야 하지 않겠는가? 사업을 만들어 교육부와 교육청의 권위를 세울수록 학교 교육력은 낮아진다.

☞ 나에게 던지는 돌직구

1. 100대 교육과정에 응모할 생각이 있는가? 응모 여부를 결정하는 주된 이유는 무엇인가?
2. 학교교육과정을 만들 때 '100대 교육과정 우수사례집'을 활용하는가?
3. 학교교육과정의 방향을 보면 '경쟁보다는 협동'을 강조하는 경우가 많은데, 학교에서 이루어지는 각종 대회는 이런 방향성에 부합하는가?

2장

교육과정 다이어트

무엇을, 어떻게 덜어낼까?

교육과정은 교사들도 이해하기가 참 어렵다. 교육과정이 이렇게 어려우니 수업이 쉬울 리가 없고, 교육과정과 수업과 평가가 따로 노는 경우가 많다. 어렵기만 한가? 양도 참 많다. 국가수준의 교육과정만도 버거운데 학교교육과정에 낀 거품도 만만치가 않다. 어떻게 이 거품을 덜어내야 하는지 학교교육과정을 속속들이 들여다보자.

교육과정에서
무엇을 덜어낼까?

" 학교행사가 너무 많아요. 행사 준비하다가 1년이 다 가는 것 같아요. 행사를 줄이자고 해도 막상 무엇을 어떻게 줄여야 하는지 답이 잘 안 나와요. 행사 준비로 바쁘고 교육실적을 위해 아이들을 동원한다는 생각마저 들어 미안할 때도 많아요. " _ ㅇㅇ초등학교 2학년 담임교사

학교에서 교사가 하는 일은 업무분장표에 있는 일 말고도 참 많다. 교육과정을 들여다보면 담당자별로 해야 할 일이 빼곡하게 들어있다. 이 일을 다 하면서 교사가 교육활동에 전념하기란 쉬운 일이 아니다. 결국, 교사의 일을 덜어내는 것이 교육의 본질에 다가가는 길인데, 무엇을 어떻게 덜어낼지 도무지 엄두가 나지 않는다. 그러나 복잡해 보여도 해법은 의외로 간단하다.

학교에서 교사가 하는 수많은 일을 '교육'이라는 기준으로 접근해보면, 다음 4가지로 나눌 수 있다.

① **교육인 것**
② **교육이 아닌 것**
③ **교육은 아니지만 해야 할 것**
④ **교육을 위해 해서는 안 될 것**

이 중에서 ① 교육인 것을 최우선으로 '보장'하고, ③ 교육은 아니지만 해야 할 것은 '인정'해주면 된다. 그리고 ② 교육이 아닌 것과 ④ 교육을 위해 해서는 안 될 것은 과감하게 '제거'하면 된다.

말은 쉽다. 그런데 이렇게 나누었다 해도 무엇이 교육이고 교육이 아닌지, 교육은 아니지만 해야 할 것과 교육을 위해 해서는 안 될 것을 어떻게 가려낸단 말인가? 곰곰이 생각해보다 나는 그 해법을 농사짓던 부모님의 모습을 보며 찾았다.

부모님은 머루 과수원을 경작하셨는데, 가을철 수확이 끝나면 머루나무의 삭은 가지를 다 잘라내셨다. 그리고 겨울이 지나 이듬해에 새순이 돋으면, 알맞은 간격으로 새순을 남기고 나머지는 순집기를 했다. 이렇게 가지치기와 순집기를 해야 알맞은 간격으로 새순이 뻗어갈 수 있었다. 새순이 자라 제법 굵어지면 지주대에 묶어주는 일을 해야 한다. 그래야 비바람에 가지가 상하지 않고 적정한 햇빛을 받으며 고르게 머루가 익어간다.

가지치기와 묶어주기는 고단한 일이지만, 조금이라도 게을리하면 넝쿨이 엉키고 우거져서 머루밭은 금방 엉망이 되곤 했다. 묵은 가지와 촘촘한 가지를 달고 있다 해서 열매를 더 맺는 게 아니다. 오히려 열매의 성장에 방해가 될 뿐이다. 학교에는 이런 묵은 가지(교육)가 없을까? 앞에서 이야기한 '교육이 아닌 것'과 '교육을 위해 해서는 안 될 것'이 바로 묵은 가지에 해당한다. 이 묵은 가지를 덜어내는 가지치기가 바로 학교혁신이다. 결국, 학교혁신이란 학교에 새로운 것을 들이는 것이 아니라 무엇을 빼내느냐의 문제이다.

혁신학교 담당 교사들이 모여 연수를 받는 자리에서 강의할 기회가 있었는데 가지치기와 묶어주기를 예로 들며, 이분들이 느끼고 있는 학교혁신에 대한 생각, 학교혁신을 위해 덜어내야 할 것, 학교혁신을 위해 묶어주어야 할 것은 무엇인지에 대하여 생각을 나누어본 적이 있다. 참석 인원이 160명이 넘다 보니 깊이 있는 토의를 하기가 어려웠다. 그래서 질문들을 이젤 패드에 붙이고, 각 질문에 대한 자기 생각을 포스트잇에 적어 거기에 붙이는 방식으로 서로의 생각을 공감해보았다. 혁신학교를 이끌어가는 핵심 교사들이다 보니 거침없는 의견을 쏟아냈다.

여기에 그때 나눈 이야기를 소개한다. 첫 번째는 "학교혁신이란 ○○(이)다"라는 질문에 대한 선생님들의 의견이다. 읽다 보면 학교가 나아가야 할 방향이 보인다. 하나하나 공감해보며 우리가 바라는 학교의 모습을 상상해보자.

1. 학교혁신이란 ○○(이)다

본질 찾기, 함께 성장, 깨달음, 용기, 멈추지 말아야 할 것, 교육의 일상성, 내 반 아이에 대한 이해를 바탕으로 하는 것, 존중, 나눔, 학교의 본래 역할을 찾는 것, 가족, 열정, 희망, 사랑과 나눔, 소통·협력·조화, 모든 교육 주체의 마음 열기, 민주적인 학교문화, 신뢰, 교사들의 자발적인 협력문화, 행복, 업무경감, 변화 존중, 끊임없는 물음표다, 서로 소통하고 신뢰하는 민주적 교육공동체, 교사의 즐거움, 초심으로 돌아가기, 나만의 스토리 만들어가기, 교사와 학생 사이에 아무것도 없는 것, 가고 싶은 학교를 만드는 것, 태풍, 인내, 더불어 삶, 교사가 오로지 수업만 전념할 수 있게 학교업무시스템을 변화시키는 것, 일반 교사 중심의 협의 문화, 관심, 힐링, 회복운동, 열정으로 학생을 사랑하는 것, 나부터, 기본으로 돌아가는 것, 아이들에게 부끄럽지 않은 수업하기, 공기, 의사소통, 마블링, 희망, 노력, ♡, 엄마의 도시락(사랑, 영양, 정성), 아이마다 잠재된 능력을 찾아 꿈을 갖게 하는 것, 교사 동료성, 관계 회복, 한 곳 바라보기, 홀로 서고 함께 사는 것, 아침 산책, 진실한 참여, 끊임없는 변화, 공감, 아동을 보는 것, 형식 탈피, 실천, 벗어남, 열정, 서로 편하게 이야기를 나눌 수 있는 공동체 만들기, 교사의 자부심, 교사의 열정으로 학교의 본질을 찾아가는 것, 자발성, 선택이 아니다, 절박함, 교사의 마음, 함께 가는 것, 내가 달라져서 학생을 사랑하고 동료를 존중하는 것, 함께, 열정의 회복, 행복, 비빔밥……

이렇게 학교혁신의 의미를 다져보았다면 묵은 가지를 덜어내는 작업이 뒤따라야 한다. 학교혁신은 더하기가 아니라 빼기라고 말하지 않았는가. 아래는 "학교에서 덜어내야 할 것은 ○○(이)다"라는 질문에 대한 선생님들의 의견이다. 튼실한 과실을 맺기 위해 병든 가지와 촘촘한 가지를 잘라내는 것처럼 학교혁신을 위해 우리가 덜어내야 할 것들이다. 우리 학교에서 덜어낼 것은 무엇인지 생각해보며 이야기를 들어보자.

2. 가지치기(학교에서 덜어내야 할 것)

계별 업무 중심의 학교운영, 형식적인 틀과 너무 많은 출장, 욕심, 지금까지 배운 것, 학교행사, 수업에 대한 두려움, 형식, 권위주의, 관료주의, 관료적 통제, 관행, 지시적인 전달, 다른 학교와는 뭔가 다른 것을 해야 한다는 집착, 출장, 보여주기식 행사, 아집, 업무, 문서, 실적에 대한 욕심, 제도, 보고, 독단과 시기, 수동성, 지역교육청 평가, 일회성 행사, 내부결재, 방과후학교, 돌봄교실, 권위주의, 컨설팅 의무화, 따라 하기, 교장의 권위와 합의 없는 지시, 부서별 업무 배치, 성과(실적), 비민주적·비교육적인 것, 학교평가, 불통, 직제에서 벗어나기, 벽지학교 가산점, 위로부터의 강요, 교사의 타성, 교육의 목적과 방향을 상실한 하달식 전달, 내 업무와 네 업무의 구분, 개인적 이기심, 공문, 교육부와 교육청의 획일적인 지침, 고정관념, 형식적 양식, 보수적인 생각, 마인드 없는 1번, 고정되고 굳어버린 마인드, 일상적 관행, 보여주기, 보고서·계획서 쓰기, 성과급·업무분장의 불공정, 계획에 없던 행사들, 데이터 중심의 결

> 과 평가, 실적 포트폴리오 만들기, 절망 · 원망 · 나태, 감사 업무, 쓸데없이 잡다한 학교 업무, 교실 닫힘…….

다이어트는 학교에도 필요하다. 이런 것들을 덜어낸 학교를 상상해 보라. 얼마나 홀가분한가?

묵은 가지와 촘촘한 가지를 잘라냈다면, 남은 가지는 지주대에 튼튼하게 묶어주어야 한다. 이제 우리가 바라던 학교의 모습을 상상하면 된다. 이 상상을 보장해주는 것이 교육과정의 첫걸음이다. 이런 상상은 여럿이 함께할수록 좋다. 아래의 이야기를 보며 우리 학교의 모습도 상상해보자.

> **3. 묶어주기(학교에서 보장해 주어야 할 것)**
>
> 학급군 · 학년군 중심의 교육과정, 부서 간 커뮤니케이션, 애정(교육에 대한, 동료에 대한, 아이들에 대한, 교사 자신에 대한 관심!), 함께할 수 있는 시간, 교사들의 생각과 마음, 교사들의 마인드 변화를 위한 학교문화, 의견수렴, 학생과 교사의 행복, 기댈 곳, 동료 교사와 수업나눔, 지역 선생님들의 생각, 단위 학교 간 협력, 학교와 지역, 지식의 나무, 철학, 희망, 가치의 공유, 아이들, 독서토론, 교사동아리, 학교생활에 대한

교사 스스로의 즐거움, 함께 도와주고 힘내는 소통문화, 아이들을 향한 마음, 이웃학교와의 공감대 형성, 교과별 프로젝트 행사, 교육가족의 마음, 자율성, 교육과정 워크숍에서 전달식이 아닌 협의와 토론의 문화, 학교혁신을 위해 함께 놀자! 뭐하고? 뭐든지!, 동료성, 대화, 자유로움, 교사가 한마음이 되는 것, 친구, 지역 단위 중심의 협력, 교육의 의미 공유, 함께 질문하고 대답하기, 수업 열기, 신규교사의 열정, 자기 성장, 보지 않아도 믿는 것, 학생을 제대로 이해하는 평가, 수업연구, 사랑, 열정, 존중, 공감, 동료성 구축으로 민주적 협의문화, 생각의 공유, 수업 대화, 소규모 학교 간 공동교육과정 운영, 민주적 학교문화, 톡톡 튀는 아이디어, 학생과 수업에 대한 열정, 변화에 대한 희망, 긍정적인 마인드, 다수의 생각, 행사의 통합, 좋은 교육 노하우, 무엇보다 학생을 먼저 생각하는 자세…….

이 책에 담지 못한 보다 자세한 이야기는 아래 QR코드를 통해 확인할 수 있다.

교육과정 다이어트

☞ 나에게 던지는 돌직구

1. 학교혁신이란 무엇이며, 그것을 가로막는 요인은 무엇인가?
2. 우리 학교의 교육과정에서 '덜어내야' 할 것은 무엇인가?
3. 우리 학교의 교육과정에서 '보장해야' 할 것은 무엇인가?

법적 근거 붙여넣으며
쪽수만 불리나?

" 법적 근거와 지침에 교육과정이 너무 얽매이는 것 같아요. 실태 조사도 의견을 묻기보다는 요식 행위로 하는 경우가 많고, 통계 처리도 너무 힘들어요. 막상 의견은 들었지만, 교육과정을 보면 그 결과가 별로 반영된 것 같지도 않아요. " _ ○○중학교 영어교사

여기까지 읽었다면, 잠깐 책을 덮고 책꽂이와 캐비닛으로 다가가 교육과정을 꺼내보자. 혹시 먼지가 많이 쌓여있을지도 모르니 확 잡아 빼지 말고 살짝 꺼내 창문 너머로 휙 입김을 불어주는 게 좋다. 무엇을 하려는가 하면 가지치기와 묶어주기를 통해 교육과정에 담아야 할 내용을 고민했으니 실제 학교(년·급)교육과정에서 덜어내야 할 것이 무엇인지 꼼꼼하게 읽어보자는 것이다.

물론, 이 두툼한 책을 읽어내기란 보통 어려운 일이 아니다. 앞에서 이야기한 대로 이런 책은 아예 만들지 않는 것이 낫다. 학교교육과정은 학교장 장부이고, 이는 NEIS를 통한 전자문서 처리가 원칙이기 때문이다. 그러나 교육행정 정보화를 목표로 도입한 NEIS에 우리가 원하는 것을 담기란 쉬운 일이 아니다. NEIS 또한 온통 숫자 퍼즐 맞추기로 구성되다 보니 학교구성원의 철학과 방향을 담아내기가 어렵다. 책 형태의 교육과정도 문제지만, NEIS의 개선도 시급하다.

학교교육과정이 처음부터 이렇게 두툼했던 것은 아니었다. 학사일정을 중심으로 1년의 학교살이를 간단하게 풀어낸 것이었다. 그런데 해가 갈수록 두꺼워졌다. 거기에는 교육과정과 관련한 연수도 한몫했다. 연수에서 예를 들어 제시하는 교육과정의 체계는 생활기록부 기재 예시문처럼 상당한 위력을 발휘하며 현장에 파급되었다. 여기에 100대 교육과정과 같은 공모사업이 끼어들면서 학교교육과정은 그 두께를 감당하지 못해 별책부록까지 나오게 되었다. 그러니 양이라도 좀 줄일 수 없을까? 이 내용이 꼭 여기에 있어야 할까? 다른 방법은 없을까? 등등의 의문을 품고 읽어보자. 이렇게 마음먹고 나면 그래도 손에 잡힐 것이다. 준비되었다면 의문의 독서를 시작하자.

대부분의 학교교육과정은 체계가 비슷하다. 첫 장을 열면 대부분 '교육과정 편성의 기저'로 시작한다. 어떤 사상이나 생각 따위의 기반이 되는 생각을 기저(基底)라고 하니 무척 중요한 것임에 틀림없다. 내용을 살펴보면 크게 두 가지로 나뉘는데, 하나는 법적 근거이고 다른 하나는 실태 분석이다.

먼저, 법적 근거의 적절성을 살펴보자. 이 부분을 차지하는 것은 대부분 교육과정 관련 법적 근거와 상위기관의 운영 방향이나 지침을 복사해온 것이다. 법적 근거가 차지하는 분량은 적은 경우 5쪽 내외이고 많은 경우에는 30쪽이 넘는 것도 있다. 심지어 학급교육과정에 그대로 복사되어 붙여넣는 경우도 많다.

교육과정이 법으로 정해져 있다는 것을 모르는 교사가 과연 있을까? 그런데 왜 우리는 법적 근거를 복사해서 붙여넣으며 교육과정의 분량을 늘리고 있을까? 짐작해보건대 이런 체계는 논문에서 비롯되지 않았나 싶다. 연구자들은 보통 연구주제를 정하고 이 주제에 맞는 연구과제를 해결하기 위하여 선행연구를 검토하여 이론적 배경을 구축한다. 그래야만 탄탄한 연구의 틀이 갖추어진 것으로 여기니 이론적 배경에 적지 않은 분량을 할애하며 공을 들인다. 그런데 교육과정이 굳이 이런 연구논문의 틀을 따를 필요가 있을까? 전국 공통의 법적 근거를 똑같이 집어넣느니 차라리 단 한 쪽이라도 좋으니 학교구성원의 약속을 정해서 싣는 것이 어떨까? 이것도 연구부장이 혼자 지어내는 것이 아니라 학교구성원이 함께 머리를 모아서 말이다.

다음으로 실태 분석의 적절성을 살펴보자. 실태를 알아야 바람직한 계획을 세울 수 있는 것인데, 이에 문제를 제기하니 공연한 딴죽으로 여길 수도 있겠다. 하지만 다 그만한 이유가 있다. 학교교육과정 편성을 위한 실태 조사는 대부분 설문지를 통해 이루어진다. 교원용, 학부모용, 학생용으로 나누어진 이 설문지는 매뉴얼에 따르면 교육과정위원회를 통해 설문 항목 등을 검토하여 확정한 후에 배포하게 되어 있다. 그러나 실상은 학년 말 업무처리에 정신없다 보니 이마저도 연구부장이 도맡아서 하는 경우가 많다. 더구나 설문 항목 또한 예시로 보급한 내용이 그대로 학교에 파급되는 경우가 많다 보니 학교별로 큰 차이가 없고 정작 꼭 필요한 내용이 누락되는 경우도 있다.

설문 분석 결과에 대해서도 짚어볼 부분이 있다. 많은 분량의 설문지를 배포하고 이를 수거하여 합산한 다음 통계 처리하는 일은 교사에게 또 다른 일거리가 된다. 이 시기에 교실에서는 아이들이 연거푸 손을 드는 진풍경이 벌어진다. 가만히 보면 이 아이들은 발표를 하는 게 아니다. 교사가 설문 문항을 읽으면 해당하는 아이들이 손을 드는 것이다. 나아가 더 꾀를 부릴 줄 아는 교사라면 몇 명의 아이에게 따로 설문지를 넘겨주고 결과 처리를 부탁한다. 이렇게라도 해야 교사 혼자서 여러 장의 설문지를 넘기며 숫자를 더해가는 수고로움이 좀 덜어지니 이를 두고 뭐라 하는 사람은 없다.

이렇게 처리한 통계도 교육계획에 활용하려고 하면 마땅히 건질만한 자료가 없는 경우가 많다. 그래도 이 설문지는 통계 처리를 마치고 나면 두툼하게 제본되어 캐비닛에 보관된다. 학교구성원의 의견을 수렴한 것으로 학교평가를 대비하여 이만한 자료가 없으니 결코 허술하게 다룰 수 없다. 꼭 이런 방식의 의견수렴이어야만 할까? 큰 학교야 어쩔 수 없다 하더라도 작은 학교마저 천편일률적인 방식을 써야 할까? 모집단이 작은 경우에는 양적 연구보다 질적 연구가 더 신뢰성이 높다. 이를 실태 조사에 활용할 수는 없을까?

☞ 나에게 던지는 돌직구

1. 교육과정에서 덜어내야 할 것은 무엇이라고 생각하는가?
2. 우리 학교의 실태 조사는 어떤 과정으로 이루어지고 있는가?
3. 설문지를 대신할 방법은 없을까?

교장이 바뀌면,
학교교육과정도
바뀌어야 하나?

" 이미 짜인 교육과정을 3월이나 9월에 발령받아 오시는 교장, 교감 선생님의 뜻에 따라 고치는 경우가 많아요. 교육과정에도 없는 내용이 관리자의 요구로 불쑥불쑥 끼어들 때도 있어요. 회의는 하라고 하지만, 회의 결과와 다르게 막상 결정은 교장 선생님이 하는 경우도 있어요. 그러다 보니 선생님들도 회의에 적극적으로 참여하지도 않고 결국 혼자서 끙끙대며 교육과정을 만들어요. " _ ○○초등학교 연구부장교사

어느 학교건 학교교육과정의 한두 페이지를 화려하게 장식하고 있는 것이 학교장 경영관이다. 사실 십여 년 동안 이 말을 보고 듣다 보니 무감각했다. 그런데 교육과정에 의문을 갖고 나서는 이 말이 자꾸 거슬린다. 국가수준의 교육과정이 수시개정 체제로 전환되면서 학교

현장의 혼란을 야기한다는 비판을 받고 있는데 이런 비판을 학교교육과정에도 대보자. 교장이 바뀔 때마다 학교교육과정이 바뀌는 경우가 많다. 즉 학교교육과정의 수시개정 체제는 국가수준보다 먼저 있었고 그 원조는 학교장 경영관인 셈이다.

학교교육과정은 교장의 직무수행계획서가 아니다. 그런데 이런 용어를 꼭 써야 할까? 국가수준 교육과정에 교육부 장관 경영관이, 시도교육청 편성운영지침에 교육감 경영관이, 교육지원청 실천중심의 장학자료에 교육장 경영관이 들어있는 것을 본 적이 있는가? 눈 씻고 찾아보아도 그런 방침은 없다. 그런데 왜 유독 학교교육과정에는 학교장 경영관이 있을까?

학교로 들어가보자. 새로 부임하는 교장에 따라 학교장 경영방침이 바뀌고, 이 방침이 반영되어 학교교육과정이 바뀐다. 여기서 그치면 그나마 다행이다. 좀 더 의욕적인 교장은 현판 교체를 요구한다. 현판의 기존 틀은 그대로 활용하고 프레스 천에 실사 출력하여 교체해도 100만 원 내외의 비용이 든다. 이마저 좀 더 폼 나게 하려고 욕심을 낸다면 몇 곱절의 예산이 든다.

교장이 바뀔 때마다 학교교육과정이 바뀌는 것은 '교육 민주화'라는 시대적 요구에도 맞지 않다. 집으로 말하면 가훈이 있으면 되고, 학교로 말하면 교훈이 있으면 된다. 굳이 학교장 경영관을 덧붙여 학교교육과정이 교장에 의해 좌우된다는 오해를 갖게 하므로 아예 이런 용어 자체를 쓰지 않는 것이 좋지 않을까? 더 심각한 상황은 학교장 경영관이 학급교육과정에 그대로 복사되어 들어가는 경우이다. 학급교육과정에 왜 학교장 경영관이 자리를 차지해야 하는가? 학급교육과정이라면 담임의 교육철학을 반영하는 것이 이치에 맞지 않는가?

　앞에서도 이야기했지만, 법적 근거나 지침은 최소화하고 꼭 필요한 것만 담으려면 교육과정에서 빼내야 할 것이 참 많다. '학교장 경영관을 덜어내면 허전하다'는 것이 굳이 이유라면, 학교구성원이 합의한 학교교육목표나 교육공동체의 약속을 넣는 것이 더 좋지 않을까?

☞ **나에게 던지는 돌직구**

1. 교장이 바뀌면 따라 바뀌는 학교교육과정에 대해 어떻게 생각하는가?
2. 학교장 경영관을 그대로 복사해서 붙여넣으며 학년·학급교육과정을 만들어본 적이 있는가?
3. 학교장 경영관을 대신할 수 있는 것이 있다면 무엇이고, 어떻게 하는 것이 좋을까?

꼬리에 꼬리를 무는 사업,
학교가 회사인가?

" 교육부, 교육청, 지자체에서 실시하는 사업 공모가 모두 3월 이후에 쏟아집니다. 이때는 이미 교육과정이 만들어져 있을 때인데, 이 사업들에 의해 교육과정이 틀어질 때가 많아요. 욕심 많은 관리자 때문에 계획서 쓰기도 너무 힘들어요. 올해 네 건의 공모사업 계획서를 써야 했어요. 아이들 자습시키면서 계획서 쓸 때는 미안하기도 하고 내가 교사인지 회의가 들기도 했어요. " _ ○○초등학교 방과후부장교사

학교에 근무하면서 교육이라는 말도 많이 쓰지만, 언제부터인지 '사업'이라는 말도 우열을 가리기 어려울 만큼 많이 쓴다. 아마도 학교세입세출예산서가 사업명으로 편성되다 보니 '교육'이라는 말을 '사업'이 대신하게 된 것 같은데, 이러다 보니 예산서뿐만 아니라 교육과정

과 학교요람, 공문 등에 사업이라는 말이 참 많이 쓰인다. 연초에 교육지원청에서 학교로 보내오는 학교요람에도 각 학교의 특색사업을 명기하게 되어있고, 학교정보공시 항목에도 학교의 특색사업을 입력해야 한다.

우리나라의 유·초·중·고·특수학교 수는 2013년을 기준으로 20,086개이다. 이 많은 학교가 특색사업을 하나씩(욕심 많은 학교는 두세 개씩) 내걸고 있는데, 도대체 이런 특색사업은 어디에서 빛을 발하고 있는 것일까? 이런 특색사업을 받고 있는 아이들의 특색은 무엇일까? 하나같이 똑같은 교실에 붙들어두고 시험 준비나 시키는 것이 우리 교육의 현실 아닌가?

교육기관인 학교가 회사도 아닌데, 무슨 사업이 그리 많은지 용어부터 마음에 들지 않는다. 사업(事業)이라는 말을 사전에서 찾아보면 '주로 생산과 영리를 목적으로 지속하는 계획적인 경제 활동'이라 밝히고 있다. 이 말을 그대로 받아들이면, 학교는 업체이고 그 많은 사업 속에 버둥대는 교사는 업자가 된 기분이다. 사업이라는 말 대신에 교육이라는 말로 바꾸면 안 될까? 특색교육, 역점교육, 뭐 이렇게 말이다. 올초에 전북교육연수원에 출강차 들렀더니 '특색연수'라는 말을 쓰고 있었다. 이전에 특색사업이라 부르던 것을 연수원의 특성상 연수를 강조하기 위해 바꾸었다고 한다. 연수원의 특성도 잘 나타내고 입에도 척척 붙는 것이 특색사업이라는 말보다 훨씬 정감있다.

대부분 이 특색사업이 문제가 많다. 교육부의 특별사업만 보아도 그렇다. 사업이 편성된 기준도 모호하다. 더구나 교육부의 특별교부금은 지방교육자치에 부응하기 위하여 지역교육 균형발전이라는 명목으로 써야 함에도 불구하고 그 취지가 무색하게 교육부의 지침(일제고사정책 순응 여부, 특성화고 취업률, 교과교실제 활성화, 학교폭력 학생부 기재근절 실적)을 충실히 따르는 시도교육청에 상여금 형태로 지급함으로써 시도교육청 길들이기라는 비판을 받고 있다.[2] 사업은 사업일 뿐 교육으로 이어지지 않는다. 학교에 들어오는 그 많은 공문은 바로 이 사업에서 시작되고 실적으로 끝이 난다.

문제가 있기는 학교도 마찬가지다. 상급기관에서 요구하는 특색사업을 구상해야 하는 학교 입장에서는 다소 무리수를 두어가며 차별화된 특색사업을 구안해야 하고, 그러다 보니 교육공동체의 합의를 이끌어내지 못한 특색사업은 교육의 파행을 불러오기도 한다. 학교의 특색사업을 정할 때 교육의 수혜자인 학생의 의견을 얼마나 수렴하는지 돌아보면 이는 명확하다. 더구나 학교에는 특색사업만 있는 것이 아니다. 역점사업, 노력중점이라는 이름의 후속 사업이 뒤따른다. 대체 이 많은 사업을 하며 언제 교육을 하라는 것인가?

특색사업 한두 가지를 정해서 거기에 맞추려고 무리하게 애쓰기보다 각양각색의 아이들에게 맞는 맞춤형 교육을 하는 것이 낫지 않을까? 누군가의 머리에서 나온 특색사업의 실적을 만들어내느라 거꾸로 아이들을 거기에 맞추고 있지는 않은지 냉철하게 돌아볼 일이다. 특색사업 없는 학교, 이 속에서 아이들의 특색이 살아나지 않을까? 학교의

---

2 〈경향신문〉 2013.8.27. "교육부 진보교육감 지역엔 '쥐꼬리' 수준 특별교부금"

특색사업을 없애고 학년별, 학급별로 아이들 각각의 끼를 살리는 교육활동이 이루어지도록 묵묵히 지원하며 지켜 봐주면 안 되는 것인가?

이런 생각을 공유하며 올해 우리 학교는 특색사업을 없애고 각 교육활동을 주제 중심으로 통합하여 운영하고 있다. 이렇게 하니 특색사업에 배정된 예산을 교육활동에 더 집중할 수 있고 아이들이 무리하게 동원되는 교육활동도 많이 사라졌다. 교사도 아이들도 학부모도 만족도가 높다. 그런데 문제가 생겼다. 학교정보공시 항목 중에 특색사업을 입력하란다. 뭐라고 써넣을까?

☞ 나에게 던지는 돌직구

1. 우리 학교의 특색사업, 역점사업, 노력중점은 무엇이고 어떤 과정으로 선정되는가? 특히 아이들의 의견은 반영되는가?
2. 우리 학교의 특색사업, 역점사업, 노력중점은 학교의 특색을 살린 교육활동으로 교육력을 높이고 있는가?
3. 학교의 특색사업, 역점사업, 노력중점을 대신하여 학년, 학급에 재량권을 부여하는 것에 대하여 어떻게 생각하는가?

친절한 시수 편제, 숫자놀이 또 하나?

" 실제 수업은 진도표대로 하지도 않고 할 수도 없는데, 왜 이렇게 시수 맞추느라 고생해야 하는지 모르겠어요. 그래서 이지에듀 프로그램을 쓰게 되는데, 정작 교과서와 지도서는 보지도 못하고 프로그램만 돌릴 때가 더 많아요. 교육과정 재구성을 하려 해도 빠듯한 시간에 시수 중심의 편제에 맞추다 보면 내용으로 접근하기가 어려워요. " _ ㅇㅇ초등학교 5학년 담임교사

함박눈이 오는 날이면 대부분의 교사가 한 시간쯤은 아이들과 눈싸움을 하며 시간을 보낸다. 학교에 이런 낭만쯤은 있어야 그나마 숨통이 좀 트이니 말이다. 그런데 이렇게 보낸 시간의 과목 이수시간은 어떻게 처리를 할까? 눈싸움하다 말고 무슨 생뚱맞은 질문이냐고 묻겠

지만, 이런 교육활동 계획을 담아내는 것이 교육과정 아닌가? 아마 대부분의 교사가 교육과정의 편제에 잡혀있는 이수시간은 신경 쓰지 않고 자연과 더불어 배우는 시간을 가진다. 이 시간은 시간표상으로 많은 과목 중 하나일 테고 이수시간은 원래 시간표에 짜인 과목대로 그대로 두는 경우가 대부분이다.

이렇게 정작 배움의 과정에서는 별로 중요하지 않게 여겨지는 과목별 시수 편제에 교육행정 당국은 왜 이렇게 집착하는지 모르겠다. 여기에 덧붙여 정규교과 이외에도 무슨 교육을 몇 시간 의무적으로 이수하라는 지침이 수도 없이 시달되니 창의적 체험활동도 취지와는 달리 온통 누더기가 된다. 이렇게 교사들이 불만을 토로하면, 교육과정을 담당하는 장학사는 "교과 이외의 교육활동 지침을 꼭 창의적 체험활동에 배정하라는 것이 아니다. 교과에 적절하게 안배하여 교육계획을 수립하면 된다"라고 하지만, 이게 얼마나 뜬구름 같은 이야기인지 담당 장학사도 안다. 창의적 체험활동 시간에 이를 배정하지 않고 교과에 배정하려면 교육과정 문서 작성에 쏟는 시간과 노력이 지금보다 몇 곱절 더해져야 한다는 것을. 그러니 교사들은 문서 작성에 드는 노력이라도 줄이기 위해 어쩔 수 없이 창의적 체험활동에 배정한다. 상황이 이런데 "창의적 체험활동은 교육과정의 꽃이다"는 말이 현장 교사들에게 곱게 들리겠는가?

다른 학교들은 어떻게 교육과정을 만들고 있는지 궁금하여 각 학교의 홈페이지를 들여다보다 이보다 더 쉬운 방법이 있다는 걸 알았다. 각 학교의 정보공시 항목에 교육과정 관련 내용이 있으니 이를 학교알리미(http://www.schoolinfo.go.kr) 사이트에서 찾아보면 된다. 학교 이름만 검색하면 전국의 초중고학교는 물론 특수학교의 정보까지 일목요연하게 알 수 있다. 물론, 이는 분기마다 자료를 업데이트하는 교사들의 수고 덕분이다. 도대체 이런 자료를 누가 본다고 업데이트하라는 것인지 불만을 토로했었는데, 이렇게 내가 쓰게 될 줄을 몰랐다.

국정교과서를 사용하는 전국의 초등학교를 대상으로 표본조사를 해 보니 예상은 했지만 놀라웠다. 교육과정 작성을 지원하는 이지에듀라는 회사의 프로그램을 이용한 학교가 많았다. 왼쪽 하단의 표는 서울의 ㄱ초등학교, 오른쪽 하단의 표는 전주의 ㅅ초등학교의 교육과정의 일부로 6학년 1학기 국어과의 3월 2주까지의 교육과정이다. 두 개를 비교하면 쉽게 알 수 있듯이 내용은 물론이거니와 표의 짜임과 음영 비율마저도 같다.

전주ㅅ초등학교

3월만 이런 것이 아니다. 각 학교의 행사 일정과 수업일수를 제외하면 연중 똑같다. 이 프로그램을 사용하는 데 2014년도를 기준으로 학급 수에 따라 적게는 9만 원부터 많게는 39만 원까지 학교당 연간사용료를 지급하고 있다. 교육과정의 속은 이런데, 겉으로는 '만들어가는 교육과정', '교육과정 재구성'을 이야기하고 있었던 것이다. 사설업체 배만 불리는 이 노릇을 도대체 왜 우리는 아직도 하고 있는 것인가? 이 과정에서 정작 교과서와 지도서는 몇 번이나 펼쳐보는가? 자존심이 상하는 이 질문에 대해 대답인지 변명인지 모르겠지만, 그래도 이렇게 항변한다. "이렇게라도 하지 않으면, 그 바쁜 3월을 도저히 못 버텨낸다"고 말이다.

문제는 이렇게 시간과 예산을 들여 교육과정을 만들었음에도, 정작 수업은 따로 논다는 것이다. 교사전용 웹사이트를 연간 계약하여 이용하는 교사가 많다. 초등의 '아이스크림'이 대표적이다. 많은 교사가 아이스크림으로 수업을 하자 이 회사는 학생용을 출시했다. 과한 표현일지도 모르지만, 나는 이지에듀 교육과정과 아이스크림 교육이 우리 교육의 현실이라고 생각한다. 그런데 왜 교육과정은 '쉽지'도 않고 수업

2014학년도 1학기　　　　　　　　　　　　　　　　　　서울ㄱ초등학교

주	기간	요일	단원명	차시	학습주제	쪽수	비고
1	3.3 ~ 3.7	월	(듣기·말하기·쓰기) 1. 상상의 세계	1/6	드라마의 특성 알기	5~9	
		화	(듣기·말하기·쓰기) 1. 상상의 세계	2/6	드라마에서 이어질 내용을 예측하는 방법 알기	10~13	
		화	(듣기·말하기·쓰기) 1. 상상의 세계	3/6	드라마에서 이어질 내용을 예측하기 위한 단서 찾기(1/2)	10~13	
		화	(듣기·말하기·쓰기) 1. 상상의 세계	4/6	드라마에서 이어질 내용을 예측하기 위한 단서에 주의하며 드라마 보기(2/2)	14~17	
		수	(듣기·말하기·쓰기) 1. 상상의 세계	5/6	드라마에서 이어질 내용 예측하기(1/2)	14~17	
		목	◆진단평가	1/1	◆진단평가	-	
		금	(듣기·말하기·쓰기) 1. 상상의 세계	6/6	드라마에서 이어질 내용 예측하기(2/2)	18~23	
2	3.10 ~ 3.14	월	(읽기) 1. 상상의 세계	1/6	시의 특성 생각하며 작품 읽기(1/2)	5~9	
		화	(읽기) 1. 상상의 세계	2/6	시의 특성 생각하며 작품 읽기(2/2)	5~9	
		화	(읽기) 1. 상상의 세계	3/6	동화의 특성 생각하며 작품 읽기(1/2)	10~20	
		화	(읽기) 1. 상상의 세계	4/6	동화의 특성 생각하며 작품 읽기(2/2)	10~20	
		수	(읽기) 1. 상상의 세계	5/6	희곡의 특성 생각하며 작품 읽기(1/2)	21~31	
		금	(읽기) 1. 상상의 세계	6/6	희곡의 특성 생각하며 작품 읽기(2/2)	21~31	

은 '달콤하지'도 않을까?

애초에 시수 중심의 교육과정 편제가 문제인 것은 아닐까? 시수 따지느라 정작 중요한 것을 놓치고 있는 것은 아닐까? 시수 맞추는 수고로움을 덜기 위해 사설업체 프로그램에 의지해서 한 치의 오차도 없는 계획서를 그럴듯하게 만들어내지만, 이 과정에서 정작 우리는 교과서와 지도서를 몇 번이나 읽어보는가? 실제 수업이 이루어지는 상황에 맞추어 성취기준을 중심으로 교육과정을 편성하고 확인하는 시스템을 갖출 수는 없을까? 정부에서 한창 강조하는 규제 완화, 비정상의 정상화의 잣대를 교육과정에 대볼 일이다.

2014학년도 1학기 전주ㅅ초등학교

주	기간	요일	단원명	차시	학습주제	쪽수	비고
1	3.3 ~ 3.7	월	(듣기·말하기·쓰기) 1. 상상의 세계	1/6	드라마의 특성 알기	5~9	
		월	(듣기·말하기·쓰기) 1. 상상의 세계	2/6	드라마에서 이어질 내용을 예측하는 방법 알기	10~13	
		화	(듣기·말하기·쓰기) 1. 상상의 세계	3/6	드라마에서 이어질 내용을 예측하기 위한 단서 찾기(1/2)	10~13	
		목	(듣기·말하기·쓰기) 1. 상상의 세계	4/6	드라마에서 이어질 내용을 예측하기 위한 단서에 주의하며 드라마 보기(2/2)	14~17	
		금	(듣기·말하기·쓰기) 1. 상상의 세계	5/6	드라마에서 이어질 내용 예측하기(1/2)	14~17	
2	3.10 ~ 3.14	월	◆진단평가	1/1	◆진단평가	–	
		화	(듣기·말하기·쓰기) 1. 상상의 세계	6/6	드라마에서 이어질 내용 예측하기(2/2)	18~23	
		목	(읽기) 1. 상상의 세계	1/6	시의 특성 생각하며 작품 읽기(1/2)	5~9	
		금	(읽기) 1. 상상의 세계	2/6	시의 특성 생각하며 작품 읽기(2/2)	5~9	

☞ **나에게 던지는 돌직구**

1. 교육과정을 만들면서 교과서와 지도서를 얼마나 살펴보는가?
2. 교육과정 작성을 지원하는 프로그램을 사용하는가? 사용한다면 무엇 때문인가?
3. 교육과정이 수업으로 이어지도록 하려면 어떻게 해야 할까?

3장

—

교육과정과 방과후학교
더부살이가 교육복지인가?

무슨 상관이 있기에 교육과정을 이야기하다 갑자기 방과후학교를 꺼내는지 의아해하는 사람이 있을 것이다. 결론부터 말하면 상관이 있다. 그것도 아주 많이. 원하든 원하지 않든 학교는 이를 떠맡아야 했고, 학교 예산 가운데 방과후학교와 돌봄교실 운영비가 교육운영비를 추월할 기세다. 초등학교의 학예회는 방과후교육 프로그램이 그 자리를 대신하고 있다. 교육부의 학교평가 지표에도 학교교육과정 운영 항목에 방과후학교 참여율이 큰 비중을 차지한다. 이러니 어찌 학교교육과정 운영과 방과후학교가 상관이 없겠는가? 그렇다면 방과후학교가 무엇인지, 그로 인해 학교의 모습은 어떻게 변해가고 있는지, 이 변화의 모습은 바람직한지 곰곰이 따져볼 필요가 있다. 그래야 교육과정도 깊어진다.

방과후학교의 법적 근거, 언제 마련할 것인가?

" 방과후학교와 돌봄교실 때문에 정상적인 교육과정 운영이 어려워요. 아이들도 교사들도 너무 정신이 없어요. 학교가 무슨 탁아소가 된 것 같아요. 이러다가는 학교에서 애 받아달라고 할지도 모르겠어요. 학교가 교육기관이지 보육기관은 아니잖아요." _ ○○초등학교 방과후부장교사

방과후학교는 수요자의 요구와 선택에 따라 수익자 부담 또는 재정 지원으로 이루어지는 정규수업 이외의 교육 및 보호 프로그램이다. 교육격차 해소, 사교육비 경감을 목표로 2006년부터 정부, 교육청, 지자체를 비롯한 지역사회의 협력과 지원에 힘입어 운영되고 있다. 방과후학교에 대한 만족도가 대체로 높게 나타나는데 '양질의 프로그램을 값싸게 받을 수 있어서 좋다'는 의견이 주를 이룬다. 이를 이유로 방과

후학교는 돌봄교실로 확대되었고, 초창기 오후에만 운영되던 돌봄교실은 밤 10시까지 운영되는 저녁돌봄으로까지 확대되고 있다. 급기야 '학교가 탁아소인가?' 하는 불만마저 쏟아진다. 방과후학교에 어떤 문제가 있기에 이런 말까지 나오는 걸까?

무엇보다 법적 근거도 없이 성급하게 시행한 것이 가장 큰 문제다. 보건복지부에서는 아동복지법에 따라 지역아동센터를, 여성가족부에서는 청소년활동진흥법에 따라 청소년방과후아카데미 등을 운영하는데, 교육부에서 운영하는 방과후학교와 돌봄교실은 어떤 법적 근거도 없다. 2006년부터 아무런 법적인 근거도 없이 시행되다가 그나마 2009년에 들어서 교육부가 제2009-41호로 고시한 초·중등교육과정 총론에 이 부분에 대한 언급이 있다. 그 내용을 살펴보면 "학교는 학생과 학부모의 요구를 바탕으로 방과후학교 또는 방학 중 프로그램을 개설할 수 있으며, 학생의 자발적인 참여를 원칙으로 한다"라고 되어 있다. 법적인 근거를 굳이 찾아보면 초·중등교육법 제32조(학교운영위원회 심의·자문사항) 중에 "정규학습 종료 후 또는 방학기간 중의 교육활동 및 수련에 관한 사항"이 포함되어 있다. 그러나 이마저도 방과후학교 운영에 대한 명확한 근거라고 보기는 어렵다. 교육부에서 보통교부금으로 교부하는 방과후학교 사업비만 해도 2014년도 기준으로 9,366억 원에 달한다. 이런 어마어마한 예산을 어떻게 아무런 법적 근거도 없이 집행할 수 있을까?

또 다른 문제는 법적 근거가 없다 보니 부처 간 운영 주체가 불분명하여 독자적으로 운영된다는 것이다. 현재 정부의 세 부처에서 추진하고 있는 돌봄사업은 대상(학생), 시기(방과 후), 내용(교육 내용)이 중복된다. 담당하는 부처는 세 개인데 동일한 대상, 시기, 내용을 가지고 각자 운영하다 보니 갈등과 민원이 끊이지 않는다. 정부는 뒤늦게 부처통합 방과후돌봄서비스 연계체제 구축사업을 실시하고 있지만, 이마저도 세 부처에서 실행하는 돌봄사업을 그대로 운영하면서 일부 조정을 하는 정도에 그치고 있다. 예전에 '한 지붕 세 가족'이라는 TV 드라마가 있었는데, 방과후학교는 '한 가족 세 지붕'인 셈이다. 한 가족이 세 지붕 아래에서 뿔뿔이 흩어져 살고 있으니 어찌 이런 가정에 오붓한 재미가 있겠는가?

무분별한 양적 확대로 정상적인 학교운영에 지장을 초래하는 것도 큰 문제다. 방과후학교 참여율은 갈수록 증가하고 있다. 시행 초기에는 2006년 42.7%, 2007년 49.8%로 절반에 미치지 못했으나 2008년 54.3%, 2009년 57.6%, 2010년 63.3%, 2011년 65.2%, 2012년 71.9%, 2013년 72.2%로 해마다 꾸준히 증가하고 있다. 특히 농산어촌 지역의 참여율은 90%를 넘고, 그중에 소규모 학교의 참여율은 100%에 가깝다.

박근혜 정부 들어서면서 초등학교에서 운영되는 돌봄교실도 점차 늘고 있다. 돌봄교실 운영 학급수는 2007년 2,718개, 2008년 3,334개, 2009년 4,622개, 2010년 6,200개, 2011년 6,639개, 2012년 7,086개로 급증하고 있는데 학교에서는 이를 수용할 교실이 없다. 궁여지책으로 일반교실을 돌봄교실로 겸용하는데, 이러다 보니 담임교사의 업무 추진과 학급 학생에 대한 지도, 교사의 교재 연구 등에 막대한 지장을 초래한다.

또한, 밤 10시까지 교육과 돌봄을 제공하는 엄마품온종일돌봄교실을 대폭 확대하려고 하는데, 학교는 이를 받아들일 준비가 되어있지 않다. 밤 10시까지 학교에 있어야 하는 아이들이 건강하고 행복하게 자랄까? '저녁이 있는 삶'이라는 모 대선 후보의 선거 홍보문구가 이쯤에서 진하게 와 닿는다. 직장에 붙들려 있는 어른들, 학교에 붙들려 있는 아이들에게 과연 저녁이 있는가? 이렇게 바쁘게 사는데 우리 삶은 좀 나아지고 있는가?

그러나 이런 우려와는 다르게 학부모들의 기대와 만족도는 높은 편이다. 그래서 학부모들에게 방과후학교의 문제점을 거론했다가는 자칫 쓸데없는 오해를 받을 수도 있다. 교사의 사명감까지 거론하면서 자격 시비에 휘말릴 수도 있다. 그만큼 이 문제를 드러내놓고 말하기가 쉽지 않다. 그렇다고 이대로 내버려둘 수도 없다. 배(교육과정)보다 배꼽(방과후학교)이 커지면서 학교도 아이들도 신음하고 있기 때문이다.

교육과정과 방과후학교는 커플도 아니지만, 그렇다고 남남도 아니다. 굳이 비유하자면, 누군가의 요구로 혼인신고도 하지 않고 준비 없는 동거를 하는 셈이다. 어정쩡한 이 관계를 언제까지 이대로 내버려둘 것인가? 방과후학교 시행도 벌써 8년째다. 여덟 살이면 취학연령이다. 한시가 급하다. 늦었지만 이제라도 법적 근거를 마련해야 하지 않을까? 그래야 학교도 가정도 산다. 아이에게도 그리고 어른에게도 저녁이 있는 삶을 돌려줄 수 있도록 학교의 속사정을 좀 더 들어야 한다. 교육과정과 방과후학교, 이 둘은 생활통지표에 받아오는 좋은 문구처럼 정말 아무 문제없이 사이좋게 지내고 있을까?

> ☞ 나에게 던지는 돌직구
>
> 1. 법적 근거가 없는 방과후학교와 돌봄교실 운영에 대해 어떻게 생각하는가?
> 2. 방과후학교와 돌봄교실 때문에 우리 학교에서 겪는 어려움은 무엇인가?
> 3. 학교에 돌봄 기능이 확대되는 것에 대해 어떻게 생각하는가?

강사는 수업하고,
교사는 수발들고?

" 수업 끝나자마자 아이들을 바로 보내야 하니 정신이 없어요. 마지막 수업은 10분 정도 미리 끝내고 종례를 해야 해요. 아이들은 방과후수업과 학원에 늦는다고 엉덩이를 들썩거리지, 학원 차는 교문 앞에서 빵빵거리지 정신이 없어요. 교실이 부족하다 보니 우리 반 교실을 방과후교실로 쓰는데, 방과후수업 시간이면 나는 교실에서 공문 처리하고 방과후강사는 수업을 해요. 아이들 보기 미안할 때가 한두 번이 아니에요. 한참 몰아치던 일 끝내고 나면 '내가 교사인가?' 하는 생각이 들 때가 많아요. " _ ○○초등학교 방과후부장교사

방과후부장을 맡고 있는 어느 초등학교 여교사의 하소연이다. 이 교사는 자괴감마저 든다고 한다. 큰일이다. 교사가 자괴감이 든다면, 이

런 교사에게 배우는 아이들이 온전하겠는가? 도대체 무슨 일이 어떻게 벌어지고 있기에 이런 말까지 나오는 걸까?

교문을 열고 학교로 들어가 보자. 교문이 닫혀있을까 걱정할 필요는 없다. 격주로 실시되던 주5일수업제가 전면실시된 지 몇 년이 되었지만, 학교는 연중무휴다. '토요휴업일'이라 교육과정에 명시해 놓았지만, '토요학교'라는 이름으로 교문을 연다. 방학을 해도 방과후학교와 돌봄교실, 각종 '캠프'가 열리기 때문에 아이들의 등교가 이어진다.

이러다 보니 학교의 모습도 차츰 바뀌어간다. 교육행정의 정보화와 교원의 업무경감을 목표로 NEIS를 도입했지만, 그 취지가 무색하게 여전히 종이 장부가 넘쳐난다. 그래도 NEIS가 도입되면서 종이 출석부가 사라졌는데, 그보다 더 많은 방과후학교 출석부가 생겼다. 종합감사가 학교평가로 바뀌어 문서 위주의 평가가 간소화된 줄 알았더니

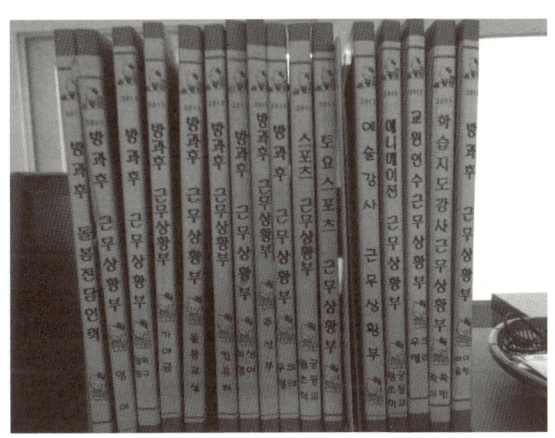

교무실에 비치된 방과후학교 출석부

방과후학교 지도점검은 학기마다 반복된다. 이렇게 채용된 강사가 수업을 할 동안 교사는 이를 위한 행정 업무를 한다.

방과후학교 업무를 담당해야 하는 교사의 고충을 아는가? 1년에 방과후학교 업무와 관련하여 몇 건 정도 공문서를 처리할 거라 생각하는가? 2013년도 우리 학교의 업무포털을 조회해보니 방과후학교 업무와 관련하여 272건의 공문을 처리했다. 하루 평균 2건이니 그리 많지 않다고? 그렇다면, 연간 학교로 오는 공문이 5건도 안 되는 핀란드의 학교를 다시 생각해보라. 양만 많은 것이 아니다. 해당 내용을 열람해보면 그 내용도 깊고 넓다. 그냥 쓰이는 공문은 하나도 없다. 연간 계획, 강사 채용 계획, 강사 월급 품의, 학습 자료 구입, 간식 구입, 방과후강사 공개수업 준비 및 결과 처리, 만족도 조사에 이어 방과후학교 지도점검 관련 서류를 구비하려면 교사의 일은 끝도 없이 이어진다.

교사들이 이런 고충을 호소하자 교육부가 택한 방법이 무엇인지 아는가? 해당 업무 담당 교사에게 부장교사 자격을 주라는 권고 공문 한

방과후학교 업무 담당 교사의 공문처리 현황

장을 보낸 것이 전부다. 교육부 입장에서는 손 안 대고 코 푸는 격이다. 부장교사 자격을 받으면 해당 교사는 월 7만 원의 보직수당을 받는다. 여기에 월 0.001 정도 되는 승진가산점이 주어진다. 원래 부장교사는 해당 학교의 형편에 따라 인사위원회의 협의를 거쳐 학교장이 임명하게 되어 있는데, 이런 학교의 형편은 아랑곳하지 않고 천편일률적으로 해당 교사에게 부장교사 자격을 주라는 거다. 이런 문제를 해결하기 위해 미봉책이나마 학교급별 부장교사 배정인원을 별도로 지정해 달라는 학교의 요구가 있었지만, 교육부는 요지부동이다. 이렇게 부장교사 자격 하나 얹어주며 달래고 있지만, 교사들이 바라는 것이 진정 이런 것일까? 방과후강사의 행정요원으로 전락해버린 교사의 무너진 자존심은 무엇으로 보상할 것인가?

업무 담당 교사만의 문제가 아니다. 모든 교사에게 고민과 일거리가 더해진다. 학생이 자율적으로 선택하게 해서 하라지만, 도심지 학교를 제외하고는 이런 지침이 무시되는 경우가 많다. 학생의 선택은 학부모의 선택에 가로막힌다. 학부모 입장에서는 학교 수업이 끝나면 어디든 아이를 맡겨야 한다. 아이들은 경제적 상황과 지리적 상황에 따라 학교와 학원으로 갈릴 뿐이다. "학부모와 학생의 입장이 다를 경우 학생의 입장을 우선하여 반영한다"라고 학생인권조례에 명시하고 있지만, 조례가 지켜지지 않는 경우가 많다. 아니, 이런 내용이 조례에 포함되어 있다는 것을 아는 교사와 학부모도 많지 않다. 언제나 그랬듯이 미성숙한 아이들은 어른들이 안전하게 보호하고 관리해야 한다. 결국, 자신의 의사와는 무관하게 신청서에 'ㅇ'표를 해온 아이가 많고 혹시라도 'x'표를 해온 아이가 있다면 교사와 아이의 승강이가 이어진다.

우여곡절 끝에 방과후수업이 시작되지만, 이렇게 붙들린 아이들의 수업 태도가 좋을 리가 없다. 강사로부터 구조 요청이 이어진다. 아이를 불러 따끔하게 혼을 내기도 하지만, 아이에게 무슨 죄가 있는가? 그나마 개설된 방과후학교 프로그램이 교과 중심이 아니라 예체능 위주라면 다행이지만, 이마저도 개운하지 않을 때가 많다. 음악을 싫어하는 아이가 바이올린을 들고 몇 시간씩 낑낑대며 활을 켜는 심정을 이해할 수 있겠는가?

그러나 방과후학교 프로그램이 다양하고 참여 학생이 많을수록 학교평가와 학교성과급을 잘 받는다. 그래서인가? 혁신학교 심사를 이유로 현장방문심사를 3년간 다닌 적이 있는데 방문한 학교의 교장들은 하나같이 "다양한 방과후학교 프로그램을 개설하여 모든 학생에게 예술적 감수성을 키우고 있다"고 자랑했다. 심사 항목에 들어있지도 않은 내용인데도 말이다. 이런 자랑을 하는 어른들에게 묻겠다. 다시 학교로 돌아가 이런 교육을 받으라고 하면 받겠는가?

농산어촌 지역의 학교는 방과후학교 강사를 구하려고 해도 어려움이 많다. 출퇴근이 어렵고 그에 소요되는 경비도 만만치가 않기 때문이다. 이런 경우에는 교사가 직접 방과후수업을 하는 경우도 많은데, 이런 경우에는 더 큰 문제가 불거지기도 한다. 요즘 교사들이 입버릇처럼 바쁘다는 이야기를 하는데, 그 이면에 방과후수업이 큰 비중을 차지한다. 교사들이 방과후수업에 들어가니 서로 얼굴 볼 시간이 없다. 교육과정을 중심으로 학교를 제대로 세우려면 교사공동체가 핵심이다. 그런데 같은 학교에 근무하는 교사들조차 서로 만나 이야기 나눌 시간이 없다. 언제, 어떻게 교사공동체를 꾸리란 말인가?

더구나 방과후수업을 계기로 교사 간에 반목이라도 생기면, 더 큰 문제가 발생한다. 방과후학교 운영 계획에 따르면 내부강사의 강사료는 현재 시간당 15,000원을 적정액으로 안내하고 있다. 예를 들어 교사가 특정 과목이나 강좌를 한 달에 30시간 수업을 한다면 450,000원의 강사료를 받는 것이다. 물론 이 돈을 안 받고 방과후수업을 안 하겠다는 교사가 대부분이지만, 아무튼 이 정도면 한 달 생활비 정도는 되니 결코 적지 않은 돈이다.

그런데 경우에 따라 강사료가 화근이 되어 어느 교과를 몇 시간 개설하느냐를 두고 교사 간에 미묘한 갈등을 겪기도 한다. 이런 경우 어떤 결과를 불러올까? 상상하고 싶지 않은 일이다. 그러나 이런 상황은 언제든지 불거질 수 있다. 외부 강사 채용을 원칙으로 하라는 교육청의 지침까지 있는 것을 보면, 이런 갈등이 드문 일은 또 아닌가 보다.

교사들만 이런 어려움을 겪고 있을까? 아이들의 목소리가 더 무게감이 있다. 우리 모두 아이들을 위하여 이 모든 교육을 하고 있지 않은가. 어른인 나에게 먼저 돌직구를 던져보고 그런 다음 이제 그 관심을 아이들에게로 가져보자.

☞ 나에게 던지는 돌직구

1. 교사들이 방과후학교 업무를 기피하는 이유가 무엇이라 생각하는가?
2. 방과후학교와 돌봄교실을 가지 않겠다는 아이가 있다. 이 아이를 어떤 말로 설득하는가? 이렇게 설득하여 수업을 받던 아이가 수업 태도가 좋지 않다며 방과후강사가 도움을 요청한다. 어떻게 할 것인가?
3. 방과후학교로 학교구성원이 갈등을 겪은 적이 있는가? 있다면 어떤 상황이었으며, 만약 이런 일이 생긴다면 어떻게 해결할 것인가?

8교시 수업도 모자라 저녁까지 학교에 있어야 하는가?

" 힘들다ㅠ.ㅠ

집에서는 동생들 땜에 힘들고, 학교에서는 공부랑 방과후 땜에 힘들고, 학원에서는 피아노치고, 리코더 불고, 정신이 없다. @.@
그래도 미래에 잘되려면 열심히 피아노치고, 공부 열심히 하고, 동생들 땜에 힘들어도 참자!!
ㅠ.ㅠ 그래도 힘들당 ㅠ.ㅠ "

우리 학교 6학년 학생이 학교 홈페이지에 올린 글이다. 이 아이는 힘들다는 말을 되풀이한다. 힘들어하는 공간도 집, 학교, 학원으로 이어진다. 힘들어도 참자고 다짐하는데, 그래도 힘들다고 하며 글을 마무리한다. 이 아이는 왜 이렇게 힘들어하는 걸까? 이 사연을 계기로 학교에서 힘든 이유라도 알아보기 위해 학생과 상담을 했다. 학생은 학교에서 힘든 이유로 방과후학교로 인한 고충을 털어놓았다. 상담을 마치고 아이들의 삶을 더 깊숙이 들여다보기 위해 강사에게 양해를 구하고 이날부터 3일간 방과후학교와 돌봄교실 수업을 참관했다. 수업을 참관해보니 이전에 내가 미처 깨닫지 못했던 아이들의 삶이 보이기 시작했다. 교단일기에 그날의 생생한 느낌이 담겨 있다.

【방과후학교 수업 탐방 첫째 날】

주당 44시간 학교수업을 받는 아이들을 보며 왜 우리는 침묵하는가?

4교시 정규수업을 마치고 방과후교실로 향하는 아이들을 따라 나섰다. 5교시는 창의탐구 시간으로 과학실에서 미니 공기 로켓을 만들었는데, 한 명도 수업에서 멀어지지 않고 집중했다. 5교시를 마친 아이들은 우쿨렐레 수업을 받기 위해 바로 돌봄교실로 이동해야 한다. 이어서 7교시는 수학, 8교시는 은물이 기다리고 있다. 여기까지 마치고도 하교를 하지 못하는 아이들은 과제, 놀이수학, 독서라는 이름으로 9교시 수업을 받는다.

다음 시간표는 내가 맡고 있는 초등 2학년 학생의 방과후학교 시간표다. 일주일에 정규수업 22시간, 방과후학교 18시간, 거기다 토요학교 4시간을 합치니 학교에서 주당 44시간 수업을 받는다. 이 아이들이 학교에 와서 보내는 일주일 동안 단 한 시간도 빈 시간이 없다. 비단 우리 학교의 사정만은 아닐 것이다. 방과후학교라는 이름으로 대다수 학교에서 아이

요일 교시	월	화	수	목	금
5교시 13:20~14:00	창의탐구	정규수업		song & role play	스포츠클럽
6교시 14:10~14:50	우쿨렐레	창의탐구	주산	영어	우쿨렐레	컴퓨터	바이올린	화상영어	주산	영어	바이올린
7교시 15:00~15:40	화상영어	창의탐구	우쿨렐레	주산	영어	가야금	컴퓨터	바이올린	화상영어	주산	영어	가야금	화상영어	바이올린	컴퓨터
8교시 15:50~16:30	우쿨렐레	창의탐구	영어	가야금	컴퓨터	바이올린	영어	가야금	바이올린	컴퓨터

창의탐구: 4시간, **우쿨렐레:** 4시간, **화상영어:** 3시간, **주산:** 4시간, **영어:** 6시간, **컴퓨터:** 5시간
바이올린: 6시간, **스포츠클럽:** 2시간, **song & role play:** 1시간, **가야금:** 4시간, **총 39시간**

들은 이런 일상을 보낸다.

오전 9시 이전에 '0교시 수업'을 실시하는 학교가 간혹 도마에 오르는데 학생인권 침해, 건강 악화, 아동학대 등을 집중포화를 받는다. 그런데 이렇게 걱정하는 어른들이 일주일에 22시간 수업을 받아야 하는 초등 저학년 학생이 그 배나 되는 44시간 수업을 받는 것에 대해서는 아무 말도 하지 않는다. 어른들은 왜 모두 침묵하고 있을까? 맞벌이하느라 어쩔 수 없는 걸까? 아니면 프로그램이 좋아서 내버려두는 걸까? 정말 스스로 원해서 하고 있다고 믿는 걸까?

그건 어른들의 희망 사항일 뿐이다. 바꾸어 묻겠다. 한 번이라도 아이의 입장에서 방과후학교를 생각해본 적이 있는가? 이렇게 반강제적으로 동원하고 수용하는 교육시스템을 만들어놓고 학생인권을 거론하는 것이 모순되지 않는가? 우리 어른들은 도대체 뭐 하느라 바쁜 것일까? 오래전에 "학교를 폭파해 버리고 싶다"던 아이의 일기를 읽은 적이 있다. 방과후학교, 정말 이대로 괜찮은 걸까?

【방과후학교 수업 탐방 둘째 날】

열공하는 아이들 모습에 흐뭇한가? 진짜?

아이들의 방과후수업 실태를 알고 싶어 어제부터 수업을 참관했는데, 5교시 정규수업을 마치고 오늘은 아이들을 따라 돌봄교실에 왔다. 수업이 늦게 끝난 1학년 아이들이 허겁지겁 들어오자 6교시 수업이 시작된다. 강사가 출석을 부른다. 이렇게 출석을 부르는 모습을 오랜만에 본다. 모든 아이가 대답을 한다. 결석은 한 명도 없다.

6교시는 주산 시간이다. 2학년 과정에 네 자리 수까지 나오는데, 오늘 배울 내용에는 십만 자리까지 나온다. 수업 중에 두승법, 미승법이라는 말이 여러 번 언급되고 선생님이 제시하는 문제를 주판알을 튕기며 아이들은 모두 열공하고 있다. 이렇게 앉아서 6교시 수업을 받고 나면, 7교시는 영어체험실로 간다. 그래 맞다. 이 시간이면 우리 반 교실 위에 있는 영어체험실에서 이 녀석들이 고래고래 악쓰며 영어노래를 불러대고는 했지. 그렇게 수업이 끝나면 돌봄교실에서 또 한 시간 수업이 이어진다. 아이들은 열공하고 있는데, 응원은 못 하고 따라다니며 나는 지쳐간다. 한숨도 깊어진다.

주산 수업을 받는 아이들

【방과후학교 수업 탐방 셋째 날】

방과후학교 수업탐방 끝판, 휴~ 한숨만

방과후수업의 실상을 알아보기 위한 수업 탐방 3일째다. 오늘은 8교시에 5, 6학년 합동으로 컴퓨터 수업을 진행하는 컴퓨터실에 왔다. 5학년 친구들의 7교시 화상영어 수업이 늦게 끝나는 바람에 5분가량 늦게 시작되었다. 수업에 늦은 친구들은 허겁지겁 화장실 갈 틈도 없이 컴퓨터실로 밀려든다. 선생님의 지시에 따라 학생들은 한글 프로그램을 실행하고 그리기도구를 이용하여 도형을 그린 다음 목차까지 만들어내는 일사불란한 수업이 이루어진다.

수업이 끝나는 종이 울린다. 아이들이 뛰어 나가느라 분주하다. 교문 앞에는 두 대의 학원 차가 또 아이들을 기다리고 있다. 아침과 다르게 스쿨버스는 텅 비다시피 하여 교문을 빠져나가고 나머지는 학원 차에 오른다. 초등학생이 8교시 수업을 받고도 모자라 학원까지 달려가는 나라, 이것이 진정 이 아이들을 위한 것일까? 그 아이가 왜 힘들다는 말을 했는지 이제야 비로소 보이기 시작한다.

컴퓨터 수업을 받는 아이들

우리나라 학생들이 받는 학교 수업의 총량은 중학교 1학년 학생을 기준으로 보면 연간 수업시수가 OECD 국가 평균치보다 연간 100시간 이상 많다. 공부시간만 많으면 뭐하나? 지나치게 많은 학습량 탓에 다른 나라의 아이들보다 사고력이나 협동심, 리더십 등은 뒤처진다. 이렇게 학교 수업도 많은데, 여기에 방과후학교와 돌봄교실이라는 이름으로 수업이 더해진다. 이도 모자라 학원 수업으로 내몰린다. 아이들을 위한다며 좋은 수업 타령이나 하던 내가 부끄러워진다. 수업의 홍수 속에서 살고 있는 아이들에게 가장 좋은 수업은 한 시간이라도 수업을 쉬는 것일지도 모른다.

　어른들은 8시간 일하도록 법으로 정해놓고, 아이들에게는 정규수업 이외에 온갖 이름이 붙은 수업을 이렇게 더 해도 되는 걸까? 어른들은 초과근무수당이라도 받는다지만, 아이들에겐 무엇을 줄 것인가? 찬란한 미래와 성공이라고 부디 말하지 마라. 미래에 저당 잡혀 오늘 아이들을 책상 앞에 붙들어두는 것이 정녕 아이들의 행복한 삶을 위한 것인가?

　아이의 삶을 더 깊숙하게 이해하려면, 다음의 영상을 꼭 보길 바란다. 그리 길지도 않다. 3분짜리니 노래 한 곡 분량이다. 바쁘다고 그냥 지나칠까 봐 엑기스만 담았다. 한 시골 초등학교 6학년 아이의 하루가 군더더기 없이 담겨있다. 가정생활 부분은 학부모가 직접 촬영까지 해주었다. 스마트폰을 꺼내 QR코드만 찍으면 된다. 안 보면 손해다. 수준 높은 이 영상은 2013년 전북교육청 농어촌교육 희망찾기 TF팀이 주최한 방과후학교 정책포럼에서 시그널 영상으로 사용되었다. 영상

제작은 유여진 선생님이 도움을 주었는데 직접 나래이션까지 맡았다. 아나운서 출신이라 목소리도 곱다. 그러니 더 권해드린다. TF팀 교사 위원인 나는 이 포럼에 패널로 참가하여 "방 빼!"라는 말을 내뱉었다가 청중의 웃음을 자아내기도 했다. '학교는 정규교육과정을, 지자체는 방과후교육'을 전담하는 시스템 마련이 시급하다는 취지로 '방과후교육을 학교에서 빼라'는 나름 의미심장한 말이었다. 영상을 보고 방을 뺄 건지, 이대로 둘 건지 판단해보자. 꼭 보시라.

방과후학교 불만제로 그리고 희망

☞ 나에게 던지는 돌직구

1. 학생의 입장에서 방과후학교와 돌봄교실을 생각해본 적이 있는가?
2. 학생이 받는 수업을 '학습노동'이라 하면 학생의 노동 강도는 적정하다고 생각하는가?
3. 학교에서 학생들이 자유롭게 보낼 수 있는 시간을 늘릴 방법은 없을까?

자율선택이라며
평가 잣대는 왜 이런가?

" 방과후학교 만족도가 높게 나오잖아요. 그 결과만 가지고 학교에서 이루어지는 방과후교육을 그대로 보시면 안 돼요. 저는 교사이면서 동시에 중학생 1명과 초등학생 1명을 둔 학부모인데, 제 아이가 가져온 방과후학교 만족도 조사 설문지에 모두 '매우 만족'이라 표시를 해요. "'보통'은 안 좋다는 뜻이야. 조금이라도 좋으면 '매우 만족'이라고 표시해야 해." 부끄러운 이야기지만, 저도 우리 반 아이들에게 설문지를 나눠주면서 이렇게 이야기를 하거든요. 심지어 설문지를 다시 쓰게 한 적도 있어요. " _ ㅇㅇ초등학교 4학년 담임교사

학교에서는 수많은 설문 조사가 이루어진다. 이 중에는 교육과정 편성·운영을 위한 설문 조사, 방과후학교 만족도 조사, 교원능력개발평

가 만족도 조사 등과 같이 일련의 계획을 갖고 이루어지는 것도 있지만, 각종 요구자료라는 이름으로 수시로 날아든다. 가정통신문 형태로 이렇게 설문지를 많이 보내다 보니 학부모로부터 '무슨 설문지를 그렇게 많이 보내느냐'는 항의를 받은 적도 있다. 그러게 말이다. 누가 보내고 싶어서 보낼까? 설문지 보내고 나면 수거해서 통계 처리하는 것도 일거리인데 말이다. 무슨 설문 조사가 이렇게 많은 걸까? 이러다 보니 보고 기한이 임박하여 설문 통계를 내느라 수업을 못 하는 경우도 종종 있다. 이 통계자료는 모두 어디에 쓰이는 걸까? 이를 토대로 어디서든 교육 만족도가 높게 나온다고 발표한다. 그런데 우리 교육의 현실은 왜 이리 답답한 걸까?

방과후학교와 돌봄교실 지도점검은 학기별로 실시하는데, 이와 때를 맞추어 만족도 조사도 실시된다. 그 밖에도 몇 차례의 만족도 조사가 더 이루어진다. 언제나 그렇듯이 만족도는 높게 나온다. 학부모들의 만족도가 높은 것은 이해하지만, 아이들의 만족도 또한 같은 수준으로 높게 나온다. 아이들은 방과후학교로 힘들다고 하는데, 만족도는 이렇게 높게 나온다. 이상한 일이다. 어찌 된 영문일까? 다 그만한 이유가 있다. 이를 두고 통계의 오류라고 해야 할지, 아니면 조작이라 해야 할지 속살을 내비치는 게 부끄럽기까지 하다. 그래서는 안 되지만, 통계 결과는 일정 정도 학교에서 부풀려진다. 심지어 설문지를 다시 작성하게 하는 경우도 있다. 아니면 교사가 대신 설문지를 체크해서 통계를 내는 경우도 종종 있다. 왜 이런 부끄러운 일이 학교에서 벌어지는 걸까?

:: 2014 교육부의 시도교육청 평가지표별 배점표 ::

평가영역	평가지표	주요평가내용	배점	비고
① 학교교육 내실화 [22점]	1. 중학교 자유학기제 운영	전체 중학교 대비 희망학교 선정 비율	3	
		자유학기제 확산을 위한 조직 활동	3	
	2. 인성교육 중심 수업 강화	인성교육 중심수업 강화 노력	6	
	3. 학교체육·예술교육 활성화	학교스포츠클럽 등록률	1	
		예술동아리 운영 학교수 비율	1	
		초등학교 체육교과전담교사 지정 비율	1	
		학생체육 활성화 지원 노력	1	
	4. 기초학력미달 학생 비율 및 학업중단 예방	기초학력미달학생 비율 및 향상도	2.5	
		학업중단예방 종합대책 추진 및 학업중단학생비율 등	3.5	
② 학교폭력 및 학생위험 제로 환경조성 [14점]	1. 안전한 학교 인프라 구축	학생보호인력 배치학교수	0.5	
		안전서비스 운영 및 CCTV 설치 학교비율	1.5	
	2. 현장중심 학폭 예방 및 근절	학교폭력 예방 및 근절 노력 등	12	
③ 능력중심 사회기반 구축 [11점]	1. 직업교육 체제 강화	특성화고 취업률 및 향상도	4	
		일반고 직업교육 위탁과정 수용률 및 향상도	1	
	2. 진로탐색·진로설계 지원	진로체험(캠프) 학생비율, 진로코치 양성 등	3	
		진로진학상담 교사 배치율	1.5	
		진로체험전용 활동실 설치 현황 등	1.5	
④ 교육비 부담경감 [15점]	1. 사교육비 부담 완화	사교육비 부담완화(교육과정 운영 점검)	1.5	
		사교육 참여율 및 증감률	3.5	
		학원비 인상율 및 지도점검 실적	1	
	2. 유아교육비 부담 경감	유치원 납입금 증감 정도	2	
		공립유치원 취학률	2	
	3. 초등방과후 돌봄 기능 강화	초등돌봄교실 운영 비율	3	
		방과후학교 예산비율 및 참여율	2	

⑤ 교육현장 지원역량 강화 [15점]	1. 일반고 교육역량 강화	일반고 교육과정의 다양화 특성화 노력	3
	2. 지방교육 행·재정 효율화	지방교육행정 조직 및 인력 운영의 적절성	1
		지방교육재정의 효율성 및 계획성	1
		자체수입 증가율, 경상경비 감소율 등	3
	3. 농어촌 교육지원 강화	농어촌학교 지원 예산 비율	1
		교육복지우선지원사업 지원 예산 비율	1
	4. 장애인 의무고용 및 지원 강화	장애인 공무원 및 근로자(비공무원) 고용률	0.5
		장애인편의시설 설치율 및 향상도	0.5
	5. 교장공모제 추진	교장 공모학교 지정 및 공모학교 수 비율	1
	6. 시도교육청 「정부3.0」 구현	「정부3.0」 세부 추진 실적	1
	7. 교원의 교육전념 만족도	교원의 교육전념 만족도	2
⑥ 교육 만족도 제고 [13점]	1. 교육만족도 및 향상도	학생·학부모·교원 만족도	8
	2. 청렴도 및 향상도	청렴도 및 향상도	5
⑦ 특색사업 [10점]	1. 교육청 특색사업	교육청 특색사업	10
⑧ 가·감점사항	1. 가·감점	우수 교육정책 추진 등(가점)	+5
		공직자 비리 및 사건 등(감점)	−5
합계			100

　방과후학교 수강률과 교육 만족도는 교육부에서 각 시도교육청을 평가하는 항목에 평가지표로 들어있다. 앞의 표는 교육부에서 2014년 시도교육청을 평가한 지표별 배점표이다. 평가영역 가운데 '교육비 부담 경감' 영역을 보면 '초등 방과후 돌봄기능 강화'를 평가지표로 하여 '초등돌봄교실 운영 비율'과 '방과후학교 예산 비율 및 참여율'을 따지

고, '교육만족도 제고' 영역을 보면 '교육 만족도 및 향상도'를 평가지표로 하여 '학생, 학부모, 교원 만족도'를 조사하여 점수를 매긴다. 이외에도 여러 영역의 평가지표와 내용이 있는데, 교육부는 이를 종합하여 순위를 매기고 이 결과에 따라 특별교부금을 차등 지급한다. 이렇게 지급하는 차등 지원액도 만만치가 않다. 2013년의 경우 무려 1,424억 원이나 된다.

나는 핀란드 교육의 성공 요인은 여러 가지가 있지만, 그중에 '차별을 없애고 차이를 좁힌 교육정책'이 큰 기여를 했다고 본다. 그러나 예나 지금이나 우리 정부의 철학은 시종일관 경쟁이다. 평가 결과가 잘 나온 시도교육청에는 상여금 형태로 특별교부금을 지급한다. 당연히 차이는 더 벌어지고 지방재정이 열악한 시도교육청 입장에서는 한 푼이라도 더 받기 위해 평가를 잘 받아야 한다. 그러자면 시도교육청은 어떻게 해야 할까? 방법은 아주 간단하다. 학교에 교육부의 평가지표를 들이밀며 교육실적을 올리도록 요구하면 된다.

설마 그럴까? 설마 설마 하다 큰코다친다. 실적이 학교를 잡는다. 다음 표는 학교알리미 사이트에서 내려받은 서울 강남구 소재 모 중학교의 학교평가 지표이다. 이 학교는 2013년에 평가를 받았는데 평가지표를 꼼꼼히 살펴보면 교육부의 시도교육청 평가지표가 용어만 살짝 바뀌어 그대로 학교에 적용되는 것을 한눈에 알 수 있다. 이제 믿겠는가?

이렇게 만들어내는 실적대로 교육이 이루어질까? 그렇게 믿고 싶겠지만, 학교의 실상은 많이 다르다. 평가지표별로 조목조목 반박하고 싶지만, 지면 관계상 하나만 예를 들어본다. 교육부의 시도교육청 평가지표별 배

:: 학교평가 지표 ::

○○중학교

영역	평가지표	지표유형	배점	자료출처
Ⅰ. 교육계획 및 교육과정 (15점)	Ⅰ-1. 서울교육 방향 반영	정성	5	학교
	Ⅰ-2. 교육과정 편성의 충실도		10	
	Ⅰ-2-1. 교과 교육과정	정성	4	학교
	Ⅰ-2-2. 창의적 체험활동	정성	3	학교
	Ⅰ-2-3. 학교 자체평가 내실화	정성	3	학교
Ⅱ. 교육활동 (35점)	Ⅱ-1. 수업평가 등 교육활동 개선 노력		10	
	Ⅱ-1-1. 수업 개선 노력	정량/정성	7(2/5)	교육청/학교
	Ⅱ-1-2. 과정중심 평가방법 내실화	정량	2	교육청
	Ⅱ-1-3. 컨설팅 장학	정량	1	교육청
	Ⅱ-2. 진로 체험교육 프로그램 운영	정량	2	교육청
	Ⅱ-3. 방과후학교 활성화		3	
	Ⅱ-3-1. 방과후학교 참여율	정량	2	교육청
	Ⅱ-3-2. 학생·학부모 만족도	정량	1	교육청
	Ⅱ-4. 학교 특색 활동		20	
	Ⅱ-4-1. 중점 교육활동	정성	8	학교
	Ⅱ-4-2. 일반 교육활동	정성	9	학교
	Ⅱ-4-3. 학교운영	정성	3	학교
Ⅲ. 학교운영 및 지원 (20점)	Ⅲ-1. 안전한 학교		5	
	Ⅲ-1-1. 학교폭력 예방 및 근절 노력	정량	5	교육청
	Ⅲ-1-2. 안심 서비스 운영 여부(초등)		해당없음	
	Ⅲ-2. 학생인권 보호 및 인권교육 강화	정량	2	교육청
	Ⅲ-3. 교권보호 및 교원 사기 진작	정량	2	교육청
	Ⅲ-4. 교원 직무연수 실적	정량	5	교육청
	Ⅲ-5. 교육복지 및 지역사회 연계		4	

Ⅲ. 학교운영 및 지원 (20점)	Ⅲ-5-1. 초등돌봄교실 운영(초등)		해당 없음	
	Ⅲ-5-2. 학부모대상 연수 운영 시간	정량	2	교육청
	Ⅲ-5-3. 지역사회 연계 교육기부 활용 실적	정량	2	교육청
	Ⅲ-6. 청렴도	정량	2	교육청
	※학교 상벌(표창 수 및 처분 수 가감)	정량	가점 또는 감점	교육청
Ⅳ. 교육성과 (30점)	Ⅳ-1. 기초학력 미달학생 감소 노력	정량	5	NEIS
	Ⅳ-2. 학생건강체력 증진		5	
	Ⅳ-2-1. 학생 신체활동 7560+ 운동 활성화	정량	3	교육청
	Ⅳ-2-2. 학교스포츠클럽 등록률	정량	2	NEIS
	Ⅳ-3. 학업중단 학생 감소 노력	정량	5	NEIS
	Ⅳ-4. 학교공동체 만족도	정량	15	온라인 설문

점표를 다시 한 번 살펴보자. 평가영역 1번에 있는 '학교교육 내실화'를 위하여 교육부에서 '학교체육·예술교육 활성화'를 지표로 '학교스포츠클럽 등록률'을 평가한다. 그러면 교육청은 이 지표를 받아 '교육성과' 영역에 '학교스포츠클럽 등록률'을 평가지표로 학교에 제시한다. 제시만 하는 것이 아니라 직간접적인 주문이 따라온다. 학교성과급으로까지 이 지표를 활용하면, 학교는 더 이상 선택의 여지가 없다. 결국, 페이퍼 스포츠클럽이 만들어진다. 정작 아이들은 학교에 그런 스포츠클럽이 있는지도 모르는데, 엄연히 서류는 만들어지고 가입률은 해마다 올라간다. 경제를 망가트리는 유령회사만 뭐라 할 것이 아니다. 그 근간이 학교에서 길러진다. 학교 교육을 망가트리는 종이교육 실적은 차고 넘친다. 부끄럽지만 어쩔

수 없는 학교의 현실이다.

교육부는 이렇게 모은 자료를 근거로 방과후학교의 성과를 제시한다. "사교육비를 줄이고 교육격차를 해소했다"는 발표가 이어진다. 그런데 해마다 줄었다고 발표하는 사교육비는 왜 계속 오르는 것일까? 통계청에서 발표하는 가계지출 동향에 따르면, 사교육비 지출은 해마다 증가한다. 2014년 가계지출 동향만 보더라도 가구당 평균 교육 지출은 235,000원으로 지난해 같은 기간보다 0.5% 증가했다. 세부 요인을 보면 수학여행 등 기타교육비가 감소했는데, 이는 세월호 참사로 인한 것이고 학원 및 보습 교육비는 증가했다. 같은 시기의 사교육비인데 교육부는 줄고 있다고, 통계청은 늘고 있단다. 어느 부처 발표를 믿으란 말인가?

교육격차가 해소되었는지도 의문이다. 자사고와 특목고가 늘면서 일반고의 교실붕괴가 심각한 수준이다. 최근 서울시교육청에서 자사고 재지정 평가에 불합격한 학교를 지정 취소 하려 하자 교육감에게 있던 지정 취소 권한을 교육부 장관이 행사하려 한다. 규제 완화를 위하여 교육부 스스로 수정하자고 한 조항인데, 왜 갑자기 입장을 바꾼 걸까? 도시 지역과 비교하여 농어촌 지역에 방과후학교 운영비를 증액 지원한 것을 이유로 교육격차를 해소했다 이야기하는데, 이를 교육격차 해소라고 보기 어렵다. 부유한 집 자녀가 방과후교육을 받는지 주위를 둘러보라. 진짜 교육격차를 해소하려면 자사고, 특목고가 아닌 일반고 전성시대를 열어야 한다.

방과후학교 정책에 불만을 토로하면 행정당국은 자발적인 신청을 받아서 하는 것이니 문제가 없다고 답변한다. 앞에서 보았지만, 이런 원칙이 지켜지는 경우는 드물다. 더구나 목적사업비를 받아서 집행하는 학교 입장에서 '자발적인 신청'은 행정용어일 뿐이다. 불용처분(반납)도 잘 받아주지 않는 목적사업비를 회기 내에 집행하려면, 강사비로 소모하는 것이 가장 빠르다. 결국, 방과후학교는 교육에서 멀어지고 학생을 '동원'하고 '수용'하기에 급급하다. 자발적인 선택이라면서 이를 이행하지 않는 학교에 불이익을 주니 이게 어찌 자율인가? 방과후학교는 엄연히 정규교육과정 영역 밖의 일이다. 그런데 학교 교육력 제고라는 미명으로 왜 이런 잣대를 대는가? 학교를 '종이교육의 산실'로 만드는 이런 발상은 도대체 누구의 머리에서 나오는 것인가?

☞ 나에게 던지는 돌직구

1. 우리 학교에 종이로만 이루어지는 교육실적은 없는가?
2. 방과후학교 점검을 준비하며 어려운 점은 무엇인가?
3. 학교에 많은 부담을 주는 방과후학교와 돌봄교실은 궁극적으로 어떤 방향으로 나아가야 할까?

요구자료에 지친다.
학교 지원은 언제하나?

> "현장 지원을 하겠다는 야심 찬 포부를 갖고 장학사 시험을 봤어요. 어렵게 합격하고 교육지원청에 발령받았는데, 맨 처음 방과후학교 업무를 맡게 되었어요. 어렵고 힘든 일이다 보니 초임자에게 돌아오는 게 관행이죠. 각종 지침이 끝도 없이 내려오는데, 이를 다시 학교에 전달하려면, 제가 학교에 있을 때 그렇게 싫어하던 공문을 보내야 해요. 거기다 컨설팅과 점검이라는 이름으로 현장을 방문해서 이러쿵저러쿵 지침 이행 여부를 체크할 때면 괴로울 때가 많아요. 감사자료, 국회의원 요구자료, 각종 보고자료는 수시로 내려오는데 이를 처리하려면 야근은 필수고 휴일에도 근무하는 날이 많아요. 요즘은 제가 집배원이 되어가는 것 같아요."

_ㅇㅇ교육지원청 방과후업무 장학사

방과후학교 업무를 담당하는 장학사들은 어떻게 살고 있을까? 학교에 이런 막중한 일거리를 들이밀며 마음 편안할 리가 없다. 그들 또한 학교에서 잔뼈가 굵어 장학사가 되었는데, 학교에 다시 이런 지침을 시달하는 심정이 오죽하겠는가? 장학사들의 삶도 한 번 들여다보자. 교사인 처지에 장학사의 고충을 이해하라니 참 오지랖 넓다고 할지도 모르겠다. 그러나 입장만 다를 뿐 교사와 장학사는 사실 한배를 탄 운명이다. 현행 승진 체계라면 장학사 또한 언젠가 학교로 돌아온다. 그렇다면 서로 처지를 공감해야 위안이라도 되고, 이런 작은 위안이 그나마 학교를 조금이라도 숨통 트이게 하지 않겠는가?

'교육전문직'이라는 별칭을 쓰는 것이 교사 입장에서 못마땅했는데, 이야기를 듣다 보니 이들의 애환도 깊다. 애틋한 건 애틋한 거고 그래도 이런 직함은 바꾸는 게 좋다. 교직이 전문직이라고 예비교사 때부터 귀에 못이 박이도록 들었는데 굳이 장학사, 연구사, 장학관, 연구관을 따로 모아 교육전문직이라 부르는 이유가 뭘까? 현장 교사보다 우위를 점한다는 느낌이 들게 하며 서로 불편하다. 정작 이들도 이렇게 불리는 걸 부담스러워한다. 지역교육청의 이름도 학교를 지원한다는 본질적 책무를 강조하기 위해 교육지원청으로 바꾸었다. 이 취지를 살린다면 교육전문직은 교사들과 공유하고 '교육지원직'이라 부르는 게 좋지 않을까?

다음은 방과후학교 업무를 맡고 있는 장학사들이 하는 이야기이다. 여러 명 인터뷰를 했는데 속 이야기를 다 들려주었지만, 모두 실명이 거론되는 걸 부담스러워 했다. 그 부담이 무엇인지는 어렵지 않게 짐작된다. 곰곰이 이야기를 듣다 보니 그들의 고충 또한 깊다. 현장을 지원하기 위해 장학사가 되었다는데, 어쩌다 이렇게 힘들어하고 있을까? 이들이 초심을 살려야 학교가 살아날 텐데 정녕 안타까운 현실이다. 이런 상황임에도 이들은 방과후학교가 제대로 자리매김하기 위한 제언도 덧붙인다. 듣다 보니 귀가 솔깃해지며 더 애틋해진다.

장학사, 방과후학교를 말하다

1. 지역의 특색을 살려 방과후학교 프로그램을 운영하라는데, 각 지역(면)에 흩어져 있는 아이들을 모아서 운영하는 데 어려움이 있어요. 교통편의 제공, 시간 확보, 참여율 높이기 등 해결해야 할 과제가 많아요.
2. 지침 전달은 계속되고 이 지침에 근거하여 단위 학교를 점검하는데, 지침에 대한 명확한 법적 근거가 미흡해서 어떤 사안이 발생했을 때 처리하는 데 어려움이 종종 발생해요.
3. 인사이동과 업무분장으로 학교나 교육청의 방과후학교 업무 담당자가 자주 교체되는데, 그러다 보니 업무에 대한 연속성과 전문성이 떨어져요.
4. 돌봄교실의 확대 운영으로 부서 간 소통과 의견 조율이 어려워요. 준비되지 않은 상태에서 밀어붙이기식 사업 추진으로 문제가 발생하기도 해요. 학교의 부담을 줄이기 위해 위탁 운영을 하라는 요구가 많은데, 농어촌 지역은 아동센터가 정원제로 묶인 상황이라 돌봄을 수용할 상황이 못 되는 경우가 많아요. 더구나 학부모들은 학교에서 운영

하는 돌봄교실을 선호하는 경우가 많다 보니 이를 조율하기도 쉽지가 않아요.

5. 업무 특성상 지자체, 지역 유관기관과 돈독한 관계를 유지해야 하고 담당자가 이런 마인드를 갖고 일을 해야 하는데, 담당자끼리 서로 소통이 안 될 때가 많아요.

6. 지역의 특성을 감안하여 방과후학교를 운영할 수 있도록 방과후학교 운영 예산이 통으로 지역교육청에 내려오는데, 교육지원청에서 이를 각 학교로 배분하다 보니 일도 많고 잦은 민원이 발생하기도 해요.

7. 지침대로라면 1년에 5번 정도 학교 방문을 해야 하는데, 많은 예산이 투입되는 분야라 수시로 컨설팅하며 예리하게 짚어주어야 하는 감사 담당관 같은 위치가 학교에서 보면 곱지 않게 비칠 때가 있나 봐요. 갑질하기 싫은데 갑질해야만 하는 상황이 되는 거죠.

8. 학교에서는 대부분 방과후학교와 돌봄교실 업무를 같이 담당하는 교사가 대부분인데 학교 업무도 바쁠 텐데 잦은 회의와 워크숍, 컨설팅, 정책설명회, 연수 등으로 이분들을 불러야 하니 미안할 때가 많아요. 사실 이를 준비하는 저도 업무 부담이 늘어가고요.

9. 방과후운영실무사 입장에서는 임금은 동결되어 있는데 업무량은 자꾸만 늘어가니 불만이 쌓이고 있어요. 이분들의 불만이 뭐냐면, 맨 처음 방과후운영실무사 뽑을 때 과학실무사보다 임금이 높았는데, 지금은 거의 비슷한 수준이라고 하네요. 일은 몇 곱절 힘든데, 그에 합당한 대우를 해주는 게 좋을 것 같아요. 임금인상 같은 실질적인 보상을 해주면 좋겠어요.

10. 요즘 교육청과 지자체가 대응투자로 방과후학교 예산을 많이 편성하

는데, 교육청 실무사와 지자체 업무 담당자가 파견되어 서로 조율하여 사업을 진행하는 팀이 꾸려지는 것이 좋을 것 같아요.

11. 저도 학교에 있을 때 방과후학교 업무를 맡아보아서 누구보다 그 고충을 잘 알아요. 그래서 가급적 위탁 운영하는 것을 학교에 권해드리고 싶어요. 대학주도 방과후학교 사회적기업, 지역아동센터, 지자체, 지역의 마을과 유관기관, 협동조합 등을 활용한 위탁을 예로 들 수 있는데 관심을 두고 찾아보면, 지역과 학교 형편에 서로 연결할 수 있는 곳이 있거든요. 교육청에서도 이런 기관과 단체를 수소문하여 학교와 연계를 해주고 있어요.

12. 학교군을 구성하여 공동 운영하는 것도 좋은 방법이에요. 농촌의 작은 학교에서는 원하는 프로그램을 모두 개설하여 운영하는 것이 사실상 불가능하거든요. 이럴 때 인근 학교끼리 학교군을 구성하여 방과후학교를 공동으로 운영하는 방안을 적극 시도해볼 필요가 있어요. 물론 학생 이동 등의 여러 가지 문제가 발생하겠지만, 이 부분도 얼마든지 해법은 있을 거라고 봐요.

13. 작은 학교에서는 강사 확보에 많은 어려움이 있어요. 이럴 때 교육청에서 강사를 채용하여 학교별로 순회할 수 있도록 하면 학교에도 큰 도움이 되리라 봐요.

14. 무엇보다 방과후학교를 효율적으로 운영하기 위해서는 선진 외국의 사례처럼 지자체가 설치하여 운영하는 방과후학교 지원센터 설립이 반드시 필요해요. 그러기 위해서는 관련 법안이 하루빨리 만들어져야겠죠.

☞ 나에게 던지는 돌직구

1. 방과후학교 업무 담당자의 잦은 인사이동과 업무분장으로 업무 연관성과 전문성이 떨어진다는 지적이 있다. 이를 해결하는 방안은 무엇인가?
2. 방과후학교 업무로 학교와 교육청이 갈등을 겪은 적이 있는가? 있다면 무엇이고 어떻게 해결했는가?
3. 장학사, 연구사, 장학관, 연구관은 과도한 행정 업무로 학교 현장을 지원하는 데 많은 어려움을 겪고 있다. 이를 해결하려면 어떻게 해야 할까?

4장

—

교육과정과 학교회계
왜 따로 놀고 마른 수건만 짜는가?

교육과정 운영은 예산과 맞물린다. 아무리 좋은 교육계획을 세워도 예산이 뒷받침되어야 한다. 예산서가 학교교육과정에 딸려 있는 이유이기도 하다. 그런데 학교는 늘 가난하다. 30년 전과 비교해보면 주거환경은 놀라울 정도로 변했는데, 학교는 아직도 비 새는 곳이 많고 춥다. 무상급식으로 간신히 배고픔이라도 면한 걸 감지덕지하며 그냥 살아야 하는 것인가? 절차는 또 얼마나 복잡한지 손에 잡힐 듯 말 듯 참 어렵다. 교육재정과 학교회계, 그 속을 들여다보자. 그래야 교육과정에 힘이 실린다.

생색은 정부가 내고
책임은 교육청이 지나?

" 학교는 왜 이렇게 짠돌이인지 모르겠어요. 에어컨도 하루에 딱 두 시간 틀어줘요. 푹푹 찌는 여름에 애들이랑 에어컨 안 나오는 교실에 있으려면 죽음이에요. 거기다 체육 수업이라도 하고 오면 땀 냄새에 숨이 턱턱 막혀요. 여름에는 문 열고 선풍기라도 틀면 되지만, 겨울에는 오들오들 떨어야 해요. 아이들이 있을 때는 그나마 교실에 온기라도 있는데, 보내고 나서 일하려면 손발이 다 시려요. 냉난방 좀 쿨하게 해주면 좋겠어요. " _○○초등학교 6학년 담임교사

추석을 맞아 고향에 갔다가 모교에 들러봤다. 작은 시골 초등학교와 중학교를 차례로 둘러보니 그 시절, 이 운동장을 꽉 메우고 놀던 벗들이 생각났다. 작은 시골학교였지만 학생 수가 천 명에 가까웠는데 이

제 초등학교, 중학교를 다 합쳐야 50명이 겨우 넘는다. 그 많던 아이들은 다 어디로 갔을까? 교정을 둘러보다 창문 너머로 교실을 들여다 보니 낯익은 풍경이 펼쳐진다. 책걸상과 집기들이 바뀌었을 뿐 30년 전의 모습에서 별로 바뀐 것이 없다. 우리 주변 환경은 그 시절과 비교해 보면 놀라우리만치 변했는데, 학교는 왜 여전히 같은 모습을 하고 있는 걸까? 학교는 왜 여전히 가난한 걸까?

교육재정을 알아야 학교가 가난한 이유를 알 수 있다. 그러나 이에 대해 교사가 관심을 갖기는 쉬운 일이 아니다. 할 일이 산더미고 학교 예산서를 살펴 이를 제때 집행하는 것만으로도 사실 교사는 벅차다. 나는 봉급, 연금, 대출금, 청약 등등 내 신상에 직접적인 연관이 있는 일에는 도통 관심이 없다. 내가 관심이 없는 만큼 아내가 발을 동동거리며 잔신경을 써야 한다. 고마운 일이다. 만약 아내가 아니었다면, 우리 집은 금방 풍비박산이 났을 거다. 아내가 가정경제를 꼼꼼히 챙겨주는 덕분에 그나마 이런 일에 관심을 갖게 되었다.

교육부는 2014년 9월 18일 2015년도 '교육부 예산안'을 발표했다. 교육부 홈페이지에 보도자료와 더불어 친절하게 안내하고 있다. 예산서를 내려받아 꼼꼼히 살펴보자. 예산 총액은 2014년도보다 8,841억 원(1.8%) 늘어난 55조1,322억 원이다. 그러나 국립대 기성회비 1조3,142억 원을 수업료라는 명목으로 세입으로 잡았기 때문에 이를 제외하면 실제 예산은 4,300억 원 정도 줄었다. 예산이 준 것만 문제가 아니다. 대선공약이었던 고교 무상교육 관련 예산은 아예 반영조차 안 되었다. 이를 지방교육재정교부금에서 충당하라는 것이 정부의 입장이다. 그러나 지방교육재정교부금은 지금도 부족하다고 교육청이 한목소리를 낸다. 실제로 지방교육재정교부금을 살펴보니 39조5,206억 원으로 올해보다 1조3,475억 원이 줄었다.

유치원의 누리과정과 초등의 돌봄교실은 현재 진행 중인 사업인데도 불구하고 예산조차 반영하지 않았다. 이 또한 지역교육청의 예산으로 충당하라는 게 정부의 입장이다. 유초중등 교육복지 예산이 줄어든 반면에 대학 시장화를 촉진하는 예산은 늘었다. 고등교육 예산은 2014년 8조6,000억 원에서 2015년도에 10조5,000억 원으로 늘었는데, 이는 '국공립대 법인화'와 같은 대학 민영화 방안을 위한 것으로 보인다.

교육부 홈페이지 예산서 바로 옆에 링크해놓은 '2014 업무계획'과 '국정과제 목록'도 같이 살핀다. 교육비 부담 경감을 필두로 무상보육 및 무상교육 확대, 학교 교육 정상화 추진, 대입부담 경감을 위한 대학입시 간소화, 대학 특성화 및 재정지원 확대, 교원의 교육전념 여건 조성, 전문인재 양성을 위한 직업교육 강화, 전문대학을 고등직업교육 중심기관으로 집중 육성, 100세 시대 국가평생학습체제 구축, 학교폭력 및 학생위험 제로 환경 조성, 지방대학 지원 확대 등의 교육부 소관 국정과제 현황이 상세하게 나와 있다. 이런 경우가 있나? 공약을 하지 말든가, 국정과제로 내세우지 말든가, 생색은 정부가 내고 책임은 교육청이 지란다. 이런 무책임한 국정 운영이 어디 있나?

"유초중등교육 예산이 전년도와 비교해 1조3,475억 원이 줄었어요. 이러면 우리 교육청이 받게 될 예산이 1,000억 원 정도 줄게 돼요. 일선 학교의 노후 화장실 보수 공사 등 현안 사업이 줄지어 있는데, 교육청 입장에서는 마른 수건을 짜야 할 정도입니다."

도교육청 예산담당 직원의 말이다. 야근과 휴일근무가 많은 게 부서의 특징인데 이렇게 예산마저 줄고 나니 더 일할 맛이 나지 않는다며 하소연이 이어진다. 마른 수건을 짜야 한다는 말에 교육청의 열악한 재정 상황이 단적으로 드러난다. 학교가 부자 되게 하는 방법은 정말 없을까?

방법은 있다. 학교로 들어오는 예산을 늘리면 된다. 그러기 위해서는 지방교육재정교부금을 올려야 한다. 지방교육재정교부율은 현재 내국세 총액의 20.27%인데 이를 25%로 올려야 한다. 또한 고교 무상교육과 누리과정, 초등돌봄 등의 대선공약은 국가가 책임지고 시행해야 한다. 언제까지 생색내기로 일관할 것인가?

나아가 교육부의 특별교부금의 비율을 낮추고 보통교부금을 확대해야 한다. 교육부는 지방재정교부금법에 따라 총 교육비의 4%를 특별교부금 형태로 지급하고 있는데, 지방교육자치가 실현된 마당에 교육부의 특별교부금은 많아도 너무 많다. "4%밖에 안 되는 것이 뭐가 많은가?"라고 할 수도 있지만, 액수가 커지면 이 비율에 해당하는 금액 또한 커진다. 2014년 교육부 예산이 55조1,322억 원이다. 이 금액에서 4%는 2조2천억 원이다. 이 돈을 전국에 있는 유초중고교 20,086개에 똑같이 나누어 준다고만 가정해도 학교당 1억 원 정도를 더 줄 수 있다.

정부 탓만 하는 게 아니다. 교육청과 학교도 반성해야 할 부분이 있고 제도적으로 보완해야 할 부분도 있다. 2001년부터 단위 학교의 자율적인 재정 운영을 통해 다양한 교육활동을 효과적으로 지원하기 위하여 전국 초중고교에 학교회계제도가 도입되었다. 단위 학교 중심의 학교경영을 실현한다는 측면에서 일대 전환점이었고, 이를 계기로 단위 학교의 재정 운영은 투명성을 확보하고 있다.

그러나 이 제도만으로는 한계가 있다. 다음과 같은 의문을 갖고 학교회계의 이면을 들여다보자. 표준교육비 대비 실제 교수·학습활동비의 비중이 높은가? 예산편성 담당자와 집행자가 같은가? 예산편성 시기가 겨울방학 기간과 맞물리며 충분히 검토하여 예산요구서가 제출되고 있는가? 예산편성 이후에 이루어지는 교원의 인사이동은 적절한가? 목적사업비가 지나치게 많지는 않은가? 이런 질문에 대해 어떤 대답이 나오는가? 이 질문에 대답을 회피하지 않고 찾아보려 애쓰는 것도 가난한 학교를 보듬기 위해 우리가 노력해야 할 일이다.

4대강 사업에 쏟아 부은 돈이 20조 원이다. 그 돈을 학교 교육에 쏟아 부었다면 어땠을까? 어른들은 쾌적한 직장에서 에어컨 바람 쐬며 일하면서 언제까지 아이들은 선풍기 바람을 쐬게 할 건가? 누구나 교육을 말하고 걱정도 한다. 복잡한 교육재정과 학교회계에 관심을 갖기란 쉬운 일이 아니지만, 그럼에도 불구하고 애정과 관심을 조금만 더 가져보자. 그래야 가난한 학교가 조금이라도 숨통이 트이고 교육과정 운영도 깊어진다.

☞ 나에게 던지는 돌직구

1. 학교회계를 운영하면서 어렵고 힘든 점은 무엇인가?
2. 우리 학교의 예산 계획은 언제, 어떻게 수립되는가? 이에 대해 얼마나 관심이 있는가?
3. 교사들이 학교회계에 관심이 부족하다는 의견이 있다. 이럴 경우 어떤 문제가 발생하는가? 나아가 학교회계에 교사들이 관심을 높일 수 있는 방안은 없을까?

목적사업비,
왜 이렇게 많은가?

" 학교예산에서 목적사업비가 차지하는 비중이 너무 커요. 정확히 따져봐야 알겠지만, 아마 절반을 넘을 걸요. 여기에 경상목적사업, 권장사업까지 더해지면 학교에서 자유롭게 운영할 수 있는 예산은 전체 예산의 20%도 안 돼요. " _ ㅇㅇ중학교 행정실장

아들이 중학교에 들어갈 무렵 아내는 아들에게 정기적으로 용돈을 주자고 했다. 아들이 경제관념도 익히고 좋을 것 같아 그러자고 했다. 아내는 아들의 씀씀이를 살피더니 1주일에 만 원을 주겠다고 했다. 이 야기를 듣던 아들도 귀가 번쩍 뜨이며 좋아했다. 그런데 조건이 있었다. 2천 원은 교회 갈 때 동생이랑 같이 헌금 내고, 동생이 학교 끝나고 오면 과자도 사주고 나머지는 자유롭게 쓰라고 했다. 아내의 말을

듣더니 아들의 낯빛이 변했다. 그게 무슨 1주일에 용돈 만 원이냐는 볼멘소리를 하더니 2만 원으로 올려주지 않으면, 그냥 필요할 때마다 타서 쓰겠다고 했다. 지켜보는 나는 웃음이 났지만, 아들 입장에서는 괜한 소리도 아니었다.

2013년 말 통계청에서 발표한 가계비 지출 항목을 보니 식료품비, 교육비, 교통비가 차지하는 비중이 가장 높았다. 만약, 이 기준에 따라 샐러리맨에게 월 300만 원의 봉급을 주면서 적정한 가계지출을 위한다는 명목으로 사용자가 각각 50만 원씩 이 항목대로 150만 원을 반드시 지출하고 나머지 150만 원은 가정에서 자유롭게 사용하라고 하면 어떤 반응을 보일까? 아마 헌법이 보장하는 자기결정권의 침해라며 헌법소원이라도 낼 것이다. 가정 상황에 따라 지출 비중이 다르니 도무지 그렇게 할 수 없을 테니 말이다.

그런데 학교는 이런 살림살이를 하고 있다. 학교회계 예산편성운영지침에는 단위 학교의 재정 운영의 자율성을 확대한다고 방향을 제시하고 있지만, 막상 이렇게 들어온 학교회계 예산을 보면 자유롭게 쓸 수 있는 예산이 반도 안 된다. 학교회계가 어떻게 구성이 되어있기에 학교는 이런 반 토막 살림살이를 하고 있을까?

교육청에서 단위 학교로 들어오는 돈은 크게 학교기본운영비와 목적사업비로 구분된다. 학교기본운영비는 교육청에서 목적 지정 없이 총액으로 교부되며 단위 학교 실정에 따라 자율적으로 집행할 수가 있는 운영비이고, 목적사업비는 단위 학교 목적사업 수행을 위해 교부되기에 반드시 이 목적으로만 사용할 수 있다. 따라서 기본운영비를 높이고 목적사업비를 줄이는 것이 학교 교육재정 운영의 자율성과 직결된다.

학교의 목적사업비 비중이 얼마나 될 것 같은가? 주위 몇몇 교사에게 물어보니 많아야 30% 정도 될 거라는 대답이 많다. 놀라지 마라. 절반을 훌쩍 넘는다. 인건비와 급식비, 방과후학교 운영비, 각종 공모사업비 등이 목적사업비로 배부되니 이를 제외하고 나면 기본운영비는 절반도 안 된다. 6학급 규모의 작은 시골학교인 우리 학교를 예로 들면, 총 3억 원 정도의 예산 가운데 이를 제외하면 기본운영비는 8천만 원 정도가 남는다. 이 예산을 이리저리 쪼개며 교사들이 예산요구서를 짠다. 가난한 학교인데 그나마 마음껏 쓸 수 있는 재량권도 없다.

목적사업비는 왜 이렇게 많은 걸까? 학교예산서를 아무리 뒤져봐도 의문은 풀리지 않는다. 각 시도교육청에서 배부하는 〈학교회계 예산편성 기본지침〉을 정독하면 그나마 작은 실마리라도 잡을 수 있는데, 이를 가지고도 속 시원하게 내막을 알기는 어렵다. 어디에서 찾아야 할까? 각 시도교육청은 해마다 〈학교회계 재정분석 보고서〉를 작성하여 교육청 홈페이지에 올리는데, 이 자료를 보면 해당 교육청의 재정 상황을 한눈에 알 수 있다. 시도교육청의 자료만으로 부족하다면, 교육부나 한국교육개발원 홈페이지를 방문하면 된다. 한국교육개발원은 「지방재정법」 제55조 및 같은 법 시행령 제65조에 따라 교육부로부터 지방교육재정 분석 업무를 위탁받아 실시하고 있다. 이들 홈페이지에서 〈지방교육재정 분석 결과 보고서〉를 검색하면 쉽게 찾을 수 있다.

앞에서 이야기한 순서대로 자료를 찾아본다. 내가 몸담은 전북교육청의 〈2013년 학교회계 재정분석 보고서〉에 따르면 공립학교의 교육비특별회계전입금 중 목적사업비는 2,430억 원으로 전체 운영비 가운데 48.14%를 차지한다. 이것은 학교가 자율적으로 집행할 수 있는 예산이 절반밖에 안 된다는 것이다. 전북교육청은 학교재정 운영의 자율성을 확대하기 위해 많이 노력하고 있다고 생각했는데, 목적사업비 비중이 생각보다 큰 것에 적잖이 놀랐다. 각자 몸담고 있는 시도교육청의 재정 상황이 궁금하지 않은가? 교육부 홈페이지를 방문하는 수고로움을 덜어주기 위해 오지랖 넓은 내가 찾아드린다.

오른쪽 도표는 〈2012년 지방교육재정 분석 결과 보고서〉에 있는 2012년 공립학교회계전출금 중 학교운영비[3] 비율이다. 지역마다 차이가 있지만, 학교운영비 전국 평균은 44.8%이고 이를 제외한 비용이 목적사업비이다. 즉, 목적사업비 전국 비율은 55.2%가 된다. 그러나 이마저도 학교로 들어올 때에는 경상경비[4], 권장사업[5]으로 정해져서 내려온다. 전북교육청의 〈2014 학교회계 예산편성 기본지침〉만 보더라도 목적지정사업은 46개, 권장사업은 36개이다. 다른 시도교육청도 상황은 비슷하다.

3 　 학교운영을 위해 소요되는 기본운영비로 학교장이 재량권을 가지고 학교여건에 따라 예산편성 후 집행할 수 있는 경비

4 　 행정 활동을 수행·운영하는 데 필요한 고정적 비용을 말하며 인건비, 부서 운영비, 업무 추진비 등이 포함된다.

5 　 학교별 특수성 및 형편을 고려하여 학교 자체 예산으로 편성을 권장하는 사업으로 사업의 필요성 및 재정여건을 감안하여 편성하도록 안내하고 있으나 학교 입장에서는 상당한 구속력을 갖고 있다.

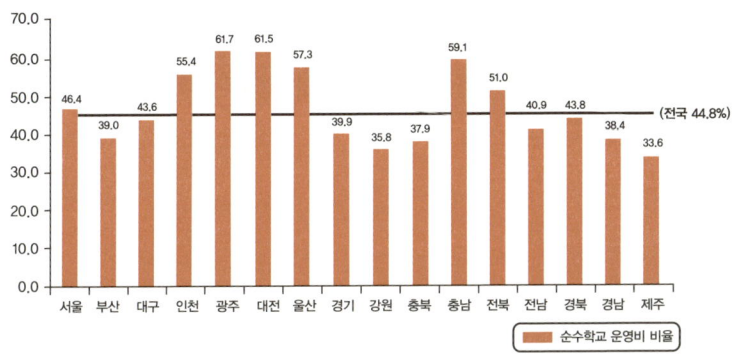

이처럼 교육부와 교육청에서 목적사업비를 많이 책정하면 어떤 결과를 초래할까? 첫째, 학교 재정 운영의 자율권을 심각하게 훼손한다. 특정 학교나 특정 사업으로 예산을 배부하고, 이를 반드시 그 목적으로만 사용하도록 묶어놓으니 학교 특성과 형편을 고려하여 예산을 쓸 수가 없다. 둘째, 교육청의 공모사업이 늘어나 학교가 교육실적에 매달리게 된다. 목적사업비는 꼭 필요한 부분이기는 하지만, 현재 교육청 각 과에서 운영하는 목적사업을 보면 공모사업이 많은 것을 알 수 있다. 예산이 부족한 학교 입장에서는 각종 공모사업에 눈이 가게 되고 이를 따내기 위해 교육실적에 얽매이게 된다. 그 결과가 어떻다는 것은 잘 알지 않는가? 셋째, 칸막이 행정이 발생하여 통합적인 예산 집행을 가로막는다. 즉, 각 과에 편성된 예산에 매몰되어 이를 각종 공모사업 명목으로 소모적으로 집행하는 결과를 초래한다.

목적사업비를 발생시키는 주된 요인은 국가사업, 교육청사업, 지자체사업이다. 전북교육청은 목적사업비를 줄이려는 노력으로 2012년 예산을 기준으로 이를 자체 분석했는데, 그 결과가 시사하는 바가 크다. 자체 분석자료에 따르면 목적사업비는 국가사업이 45.5%, 교육청 사업이 44.3%, 지자체사업이 10.2%를 차지한다. 다른 시도교육청도 이와 유사하지 않을까 싶다.

∷ 학교목적사업비의 사업주체별 예산액 규모(2012 최종 예산액) ∷ (단위: 억 원)

구분	목적사업비 합계	국가사업				교육청 사업	지자체 등의 사업
		소계	국가사업 (국고, 특교)	지방이양 사업 (방과후, 유아)	교육청 대응 투자비		
규모	4,074	1,855	397	1,009	449	1,805	414
%	(100.0)	(45.5)	(9.7)	(24.8)	(11.0)	(44.3)	(10.2)

주범은 역시 교육부의 정책사업이다. 이를 집행하기 위해 교육부는 지방재정교부금과 특별교부금을 활용한다. 이 돈줄을 쥐고 시도교육청을 경쟁으로 몰아붙인다. 한 푼이라도 아쉬운 입장에서 시도교육청은 자체 특별사업을 책정하여 지역교육청을 몰아붙이고, 지역교육청은 다시 학교를 몰아붙인다. 경쟁의 폐해는 결국 아이들에게 가서야 끝이 난다. 교육을 위한다며 벌인 허울뿐인 사업들이 결국 아이들을 병들게 한다.

목적사업비는 최소한의 영역으로 축소하고 학교기본운영비를 늘려야 한다. 그것이 입버릇처럼 이야기하는 교육자치에 걸맞은 학교자치를 실현하는 길이지 않은가? 교육 관료에게 사업자가 아닌 교육자 마인드를 갖게 할 수 있는 비법은 없을까?

☞ 나에게 던지는 돌직구

1. 우리 학교 예산 총액은 얼마이고, 기본운영비와 목적사업비는 각각 얼마인가?
2. 목적사업비가 많음으로 인하여 학교회계를 운영하는 데 어려운 점은 무엇인가?
3. 기본운영비를 늘리는 방안은 무엇이 있을까?

닥치고 공모?

" 학교에 공모사업 공문만 와도 깜짝깜짝 놀라요. 올해만 공모사업 계획서를 두 개나 썼어요. 아마 해본 사람은 알 거예요. 죽을 맛이란 걸요. 계획서 쓰는 것도 힘들지만, 막상 선정되어도 공모사업 때문에 교육과정 운영이 파행을 겪을 때가 많아요. 그냥 그 돈 학교로 다 내려주면 안 되나요? 제발 공모사업 좀 없애면 좋겠어요. " _ ㅇㅇ중학교 교무부장

'닥공'이라는 말을 들어본 적이 있는가? 없다면, 조금 힌트를 주겠다. 프로축구 K리그와 관련이 있다. 그래도 어려운가? 그렇다면, 다음 힌트에 주목하라. 이 말은 어떤 구호의 줄임말이다. 그래도 모르겠다면 별수 없다. 다음 이야기를 풀어가야 하니 알려주는 수밖에. 이 말은 전북을 연고로 하는 프로축구단인 전북 FC의 응원단이 외치는 구호로

'닥치고 공격'을 줄인 말이다. 간결한 메시지에 공격축구를 바라는 응원단의 강렬한 염원이 담겨있다. 그런데 직업병인가? 이 구호에서 나는 엉뚱한 현실을 떠올린다. '닥치고 공모', 바로 학교의 현실이다.

학교에는 공모사업을 알리는 공문이 연중 수시로 밀려온다. 정부 부처와 교육청, 지자체 등 주체도 다양하다. 교사가 자발적인 의지로 참여한다면 그나마 다행이지만, 관리자의 요구로 응하는 경우가 훨씬 많다. 교사가 이 공모사업 계획서 작성에 쏟는 공은 보통이 아니다. 응모기간이 촉박한 경우도 많다. 이러다 보니 이미 내정이 된 것 아니냐는 말까지 들리기도 한다. 촉박한 제출기한에 맞추기 위하여 수업에 전념해야 할 교사는 계획서 작성에 며칠씩 시간을 보낸다. 대부분의 공모사업 계획이 3월에 집중된다. 이 시기는 교육과정 편성 시기와 맞물리기 때문에 공모사업 계획서라도 하나 없어지면 담당 교사의 입술은 부르트고 만다. 이름하여 '3월병'이 도지는 것이다.

공모사업은 학교 예산의 편중 지원을 초래한다. 지난해에 교육재정 토론회에 패널로 참석하면서 몇몇 학교의 공모사업 실태를 표본 조사한 적이 있는데, 3년 동안 6개의 사업에 선정된 학교가 있는 반면에 단 한 건에도 선정되지 못한 학교도 있었다. 결과는 학교로 배부되는 예산으로 나타났다. 선정된 학교는 학교운영비 외에 6건의 공모사업비를 추가로 받았고, 그 총액을 따져보니 학교운영비를 초과했다. 이 차이가 어떤 결과를 가져올지 짐작하는 건 그리 어렵지 않다.

공모사업의 규모는 도대체 얼마나 될까? 자세한 정보를 알아내기란 쉽지 않다. 교육부도 교육청도 종합적인 자료는 공개하지 않기 때문이다. 교육부와 국회의원들은 뭐하나? 그 많은 요구자료는 학교로 보내면서 이런 통계를 내어 정보공개를 해주면 얼마나 좋을까? 별수 없다. 이런 경우에는 막고 품는 것이 상책이다. 상황이 이렇다 보니 17개 시도교육청의 공모사업 현황을 알아내기가 어렵다. 다만, 내가 몸담은 전북교육청의 공모사업 현황은 품을 팔면 찾을 수 있을 것 같았다.

지금부터 그 자세한 과정에 대한 설명이다. 먼저 교육청의 사업계획서를 예산서와 비교해보았다. 이를 가지고 예산이 배정된 사업이 공모사업 성격을 띠는지 확인해보았다. 직접 명시가 된 것도 있었지만, 그렇지 않은 사업도 많았다. 이런 경우에는 학교로 내려온 공문을 조회하여 확인했다. 사업이 완결된 자료여야 하니 2013년 자료를 활용했다. 그 결과는 다음과 같다. 찾기는 힘들었는데, 그 결과가 딸랑 한 문장으로 정리가 되니 허망한 느낌도 든다. 2013년 전북교육청 사업계획서에서 밝히고 있는 과별 공모사업은 교육혁신과 3개, 교원인사과 1개, 학교교육과 3개, 인성건강과 12개, 미래인재과 10개, 행정과 3개로 총 32개이다. 내가 실수로 살피지 못했거나 교육청이 밝히지 않은 사업이 있다면, 이 통계에 잡히지 않았다. 오른쪽 표는 직접 확인한 내용을 정리한 것이다.

예를 든 전북교육청의 현황을 이유로 전북교육청을 비토하지 마라. 그래도 전북교육청은 소신껏 교육행정을 하며 교육부의 공모사업 가운데 정책적으로 응하지 않는 사업도 있다. 예를 들면, 2014년도에 교육부에서 모집하고 있는 농산어촌거점중학교육성지원사업에 응하지 않고 있다. 이 사업으로 군 단위 지역에 1개교씩 기숙형 거점중학교를

:: 2013 공모사업 현황 ::

실과명	팀명	공모사업명	대상 학교급	교부 기준	2014 공모 계획
교육혁신	학교혁신학력신장담당	학력향상역량강화 모델학교운영	초중고	학교별 500만 원	있음
교육혁신	학교혁신학력신장담당	혁신학교운영지원	초중고	학교별 5,000만 원	있음
교육혁신	학부모지원학사담당	학부모학교참여	초중고	학교별 225만 원	있음
교원인사	중등인사팀	교내자발적소규모학습조직연수기관운영	전체 유초중고	기관당 100만 원	있음
학교교육	유아교육	인성교육 우수 유치원	유치원	600~900만 원	있음
학교교육	유아교육	엄마품돌봄교실 유치원	유치원	2,950~3,000만 원	있음
학교교육	중등교육	창의인성모델학교	초중고	1,750~2,000만 원	미정
인성건강	인성인권담당	또래상담운영학교	초중고	학교별 26~27만 원	있음
인성건강	인성인권담당	또래조정운영학교	초중고	학교별 500~600만 원	있음
인성건강	인성인권담당	인터넷 과다사용 예방학교	초중	학교별 500만 원 내외	있음
인성건강	인성인권담당	전통예절교육운영	고	학교별 500만 원	있음
인성건강	인성인권담당	학생회실 설치 지원	중고	학교당 500만 원	있음 (60개교)
인성건강	체육예술담당	생활체육 지원 시설 사업	초중고	운동장 : 5억 원 체육관 : 16~30억 원	있음
인성건강	체육예술담당	2013 예술교육사업 종합 공모	초중고	선도교육지원청 : 3,000만 원 학생오케스라 : 4,000만 원~1억 원 학생뮤지컬 : 3,000만 원 예술동아리 : 200~500만 원	있음

인성건강	체육예술담당	예술교과 현대화사업	중고	교당 2,000만 원	있음
인성건강	체육예술담당	예술교육 선도학교	초중고	1,458~1,782만 원	있음
인성건강	보건교육담당	금연중점학교	초중고	교당 280~320만 원	있음
인성건강	보건교육담당	아토피예방중심학교	초등	학교별 400~600만 원	있음
인성건강	보건교육담당	학교보건(교육)실현 대화사업	초중고	교당 3억 원 예정	있음
미래인재	진로직업	2013 중소기업특성화고 인력양성사업	특성화고 전체	학교별 1.5~2.1억	있음
미래인재	진학상담담당	진로교육중점학교	전체 초중고	학교별 250~600만 원	있음
미래인재	진학상담담당	진로체험프로그램 운영	전체 고	학교별 100~400만 원	있음
미래인재	진학상담담당	커리어존설치운영	진로교사배치 중,고	학교별 2,500만 원	있음
미래인재	창의인재과학	교육기부 선도학교	초중고	학교별 1,000만 원	미정
미래인재	창의인재과학	환경교육동아리	초중고	학교별 200만 원	있음
미래인재	창의인재과학	환경체험교육프로그램(환경부)	초중고	학교별 200만 원	있음
미래인재	창의인재과학	지속가능발전교육선도학교	초중고	교당 2,000만 원	없음
미래인재	창의인재과학	STEAM 과학교실	초중고	학교별 600만 원	있음
미래인재	창의인재과학	STEAM 학생동아리	초중고	학교별 200만 원	있음
행정	수용계획	작고아름다운학교 육성	60명 이하 공립 초중	학교별 1,250만 원 내외, 사업별 차등 지원	있음
행정	교육복지	농산어촌 전원학교	면소재지 초중	학교별 2,000~4,000만 원 사업별 차등 지원	있음
행정	교육복지	농산어촌에듀케어지원사업	읍면지역 초중	학교 규모별 1,000~2,000만 원	있음

만들면 이웃학교가 위축될 것이라는 우려가 있다. 이는 상생하자는 전북교육청의 교육철학과 배치되기 때문에 결국 받지 않았다. 이런 뚝심이 있는 전북교육청의 공모사업이 이 정도인데, 다른 시도교육청의 상황은 어떨지 상상에 맡긴다. 이렇게 진행된 교육청의 공모사업들은 교육부의 정책사업의 일환으로 진행되는 것이 대부분이다.

생색만 내고 교육에 오히려 해를 끼치는 교육부의 정책사업을 줄일 수 없을까? 교육부나 교육청이 사업을 정해서 공모하기 보다 일정한 사업을 나열하고 학교가 선택해서 가져갈 수 있게 하는 '사업선택제'가 낫지 않을까? 할 수만 있다면 교육부를 공모하고 싶다. 허황된 생각은 아니다. 국가교육위원회가 답이다. 교육자치가 실현되고 있는 마당에 시도교육청과 잦은 마찰을 빚는 교육부는 집행기구로 만들고 국가교육위원회를 만들어 교육정책을 담당하게 하자. 오래전부터 나온 이야기이다. 백년지대계(百年之大計)를 세우려면 이렇게 해야 하지 않겠는가?

☞ 나에게 던지는 돌직구

1. 우리 학교에 어떤 공모사업이 있는지 아는가?
2. 공모사업을 결정할 때 학교구성원의 의견이 적극 반영되는가?
3. 우리 학교에 공모사업이 필요한가? 필요하다면 어떤 것이고, 어떤 절차를 거쳐, 어떻게 교육과정과 연관 지어 운영할 것인가?

2부

—

교육과정에 삶을 담기 위한
돌파구

교사가 된다는 것의 올바른 의미는 학습자가 된다는 것이다.
나는 교사가 아니라, 동료 학생일 뿐이다.

To be a teacher in the right sense is to be a learner.
I am not a teacher, only a fellow student.

쇠렌 키에르케고르
Soren Kierkegaard

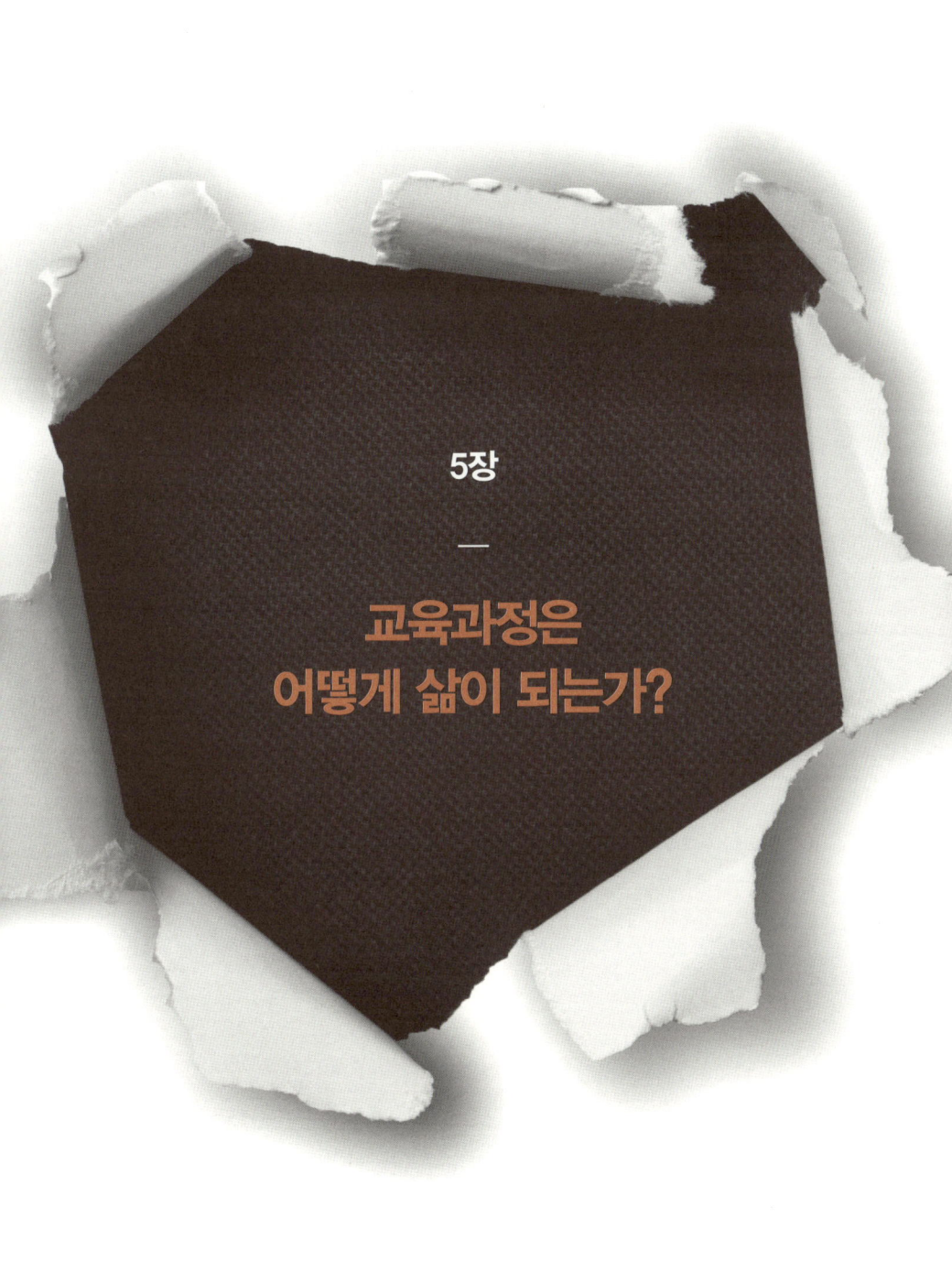

5장

교육과정은
어떻게 삶이 되는가?

지금까지 살펴본 대로 교육과정은 겉 다르고 속 다른 측면이 있다. 겉은 번지르르 하지만, 속이 곪고 있다는 이야기를 하고 싶었다. 이것이 교육과정이 적용되는 학교의 현실이다. '돌직구'만으로 끝내자니 마음이 개운하지가 않다. 문제점만 이야기해도 좋은데, 꼭 대안을 내놓으라고 하는 것이 관료의 습성 아니던가? 그래서 나에게 돌직구를 던져가며 교육과정에 대한 '선구안'을 갖고 싶었다. 이를 토대로 지금부터는 스윙을 하려 한다. 맥없이 서서 삼진아웃 당하는 것보다 그래도 이게 나을 것 같다. 이러다 보면 안타는 나오기 마련이다. 지금부터 그 '돌파구'를 찾아보자.

교육과정을 리셋하라

얼마 전 한 블로그의 기사를 읽다 메마른 내 가슴을 짠하게 적시는 사진 한 장을 보았다. 엄밀하게 말하면 사진이 아니라 그림이다. 국내 뉴스에서는 이스라엘군의 폭격으로 수천 명의 사상자를 내고 있는 팔레스타인 가자지구 소식을 전하며 "팔레스타인 하마스 무장대원이 이스라엘 영토를 침입했고, 이를 방어하기 위해 교전이 발생했다"는 이스라엘 측의 입장을 전하고 있을 때였다.

이 그림은 팔레스타인 가자지구(Gaza Strip) 내에 있는 높이 8m가 넘는 장벽에 팔레스타인 아티스트가 그린 것이다. 이외에도 장벽에는 많은 그림이 그려져 있다. 이들은 왜 장벽에 이런 그림을 그렸을까? 이 그림을 통해 그들이 말하고자 했던 것은 무엇이었을까? 내가 본 그림에는 'CTRL+ALT+DELETE'라는 글씨가 있다. 즉, 리셋하라는 말인

팔레스타인 가자지구 장벽에 그려진 그림

데, 이들은 무엇을 다시 시작하고 싶었던 걸까? 이스라엘과 팔레스타인의 기나긴 분쟁의 역사를 들여다봐야 이 그림이 비로소 이해된다. 이 그림은 자신들의 영토마저 빼앗긴 팔레스타인 사람들이 가자지구 내의 장벽에 갇혀 살아갈 수밖에 없는 답답한 현실을 벗어나고 싶다고 이야기하고 있다.

우리의 교육과정도 이래야 하지 않을까? 국가수준의 교육과정도 학습 내용을 한 학년 위로 올렸다 아래로 내렸다 하는 그런 전면개정 말고 진짜 새로운 판을 짜야 하지 않을까? 그 속에 교육과정 운영의 실질적인 전문가인 교사들의 의견을 적극 반영하면서 말이다. 그러나 돌아가는 형국을 보면 답답한 마음은 쉽게 가라앉지 않는다. 차 팔아서 쌀 사면 된다는 식으로 FTA 협상을 추진하는 정부를 향해 "속에서 두드러기가 난다"고 표현하던 아버지의 말이 떠오른다. 교육과정을 바

사진 출처_ https://www.flickr.com/photos/43405897@N04/4325890917/

라보는 교사의 마음도 이렇게 속 두드러기가 난다.

　국가수준의 교육과정뿐만 아니라 학교교육과정도 답답할 때가 많다. '복사해서 붙여넣는다', '연도와 학교현황만 바꾼다', '형식적인 실태조사다', '두껍게 쪽수만 채운다', '혼자 만든다', '만들어놓고 안 본다', '시수 맞추느라 헛기운만 쓴다', '교장이 바뀔 때마다 바뀐다', '교육이 아니라 사업만 한다', '교육과정과 수업, 평가가 따로 논다'는 생생한 속내를 들여다보면 숨이 턱턱 막힐 때가 있다. 이렇게 영혼 없는 교육과정을 영혼 없이 만드는 것이 가장 큰 문제다. 학교교육과정에 영혼을 불어넣을 수는 없을까? 교육과정을 중심으로 학교를 바로 세울 수는 없을까?

　방법은 있다. 새판을 짜면 된다. 새 술은 새 부대에 담아야 한다는 말도 있지 않은가? 차라리 학교교육과정을 리셋하자. 워드프로세서를 열고 단어 하나라도 좋으니 하나씩 입력해보자. 다만, 반드시 학교구성원끼리 논의하고 합의한 내용만 채워가자.

　우리 학교에서 교육과정 운영과 관련하여 구성원의 합의가 필요한 것은 무엇이었을까? 작년 이맘때 어떤 고민을 했는지 컴퓨터 파일을 열어본다. '교육과정의 새판을 짜기 위한 고민들'이라는 제목으로 질문이 이어진다. 우리 학교의 예를 든 것이니 각자 자신의 학교에 빗대어 보면 된다. 이 한 장을 출력하여 꺼내놓고 교사들이 모여앉아 차 한 잔 나누며 교육과정 이야기를 시작하면 된다.

> **교육과정의 새판을 짜기 위한 고민들**
> **– 어떻게 삶을 담아갈까? –**
>
> 1. 교육공동체의 약속은 어떻게 정할까?
> 2. 가지치기와 묶어주기를 어떻게 할까?
> 3. 아이들이 다니고 싶은 학교는?
> 4. 교사들이 출근하고 싶은 학교는?
> 5. 학부모가 자녀를 보내고 싶은 학교는?
> 6. 꼭 필요한 내용만 얇게 담을 수 없을까?
> 7. 학교요람과 교육과정을 결합할 수 없을까?
> 8. 성취기준과 어떻게 연결 지을까?
> 9. 많은 행사를 어떻게 통합할까? 주제 중심 통합이 가능한가?
> 10. 올해 예산운영 상황은 어땠는가? 결산서를 중심으로 검토하자.
> 11. 2014 예산계획은 어떻게 세울까?
> 12. 특색사업, 이대로 괜찮은가?
> 13. 교육과정 워크숍, 언제, 어디로, 어떤 방법으로 운영할까?
> 14. 액션러닝을 활용한 실태조사는 가능할까?
> 15. 학년(급)교육과정은 어떻게 할까?
> 16. 문서의 부담, 어떻게 줄일까?

흔히 문서작업이 어렵다고 하는데, 실제로 협의한 내용을 문서에 담는 것은 쉽다. 혼자 담으려니 어려운 거다. 협의가 끝나면 처음부터 멋진 문장으로 다듬을 필요도 없다. 그렇게 채워가려면 더 어렵다. 비문이면 어떤가? 순서는 무시해도 좋다. 그저 합의한 내용일수록 먼저 담아가자. 이렇게 늘어놓은 것이 글감이다. 이 글감을 늘어놓고 줄기를 꿰어 가면 된다. 우리도 아이들을 이렇게 가르치고 있지 않은가? 그대로 실천하면 된다.

방법은 하나다. 관점을 바꿔보자. 교육과정의 새판을 짜자. 기존 교육과정에 대한 통념을 리셋할 준비가 되었는가? 그렇다면 누르자. 'CTRL+ALT+DEL'. 그래도 자꾸 다른 파일에 눈이 가거든 망설이지 말고 새 문서를 열어라. 'ALT+N'.

다니고 싶은 학교를
상상하라

　중학생, 기적을 부르는 나이라고 한다. 이들이 무서워서 북한군이 못 쳐들어온다는 농담도 많이 한다. 내게도 이런 아들이 있다. 현재 중학교 2학년인 아들이 제법 온순하게 초등학교에 다닐 때로 기억된다. 다니엘 T. 윌링햄의 『왜 학생들은 학교를 좋아하지 않을까?』를 읽고 있는 내게 아들이 물었다.
　"아빠는 학교가 좋아?"
　"글쎄, 좋을 때도 있지만 안 좋을 때도 있지."
　"에이, 선생님이 학교를 안 좋아하는데, 어떻게 학생들이 학교를 좋아해?"
　아들이 무심코 던진 말은 충격이었다. 이에 마땅한 대답을 하지 못하고 얼버무리는 내가 시큰둥했는지 아들은 자리를 떴고 대화는 더 이상 이어지지 않았다. 교육과정의 새판을 준비하면서 아들의 그 말이 다시 떠올랐다. 책 내용은 하나도 기억나지 않는데, 그 질문만큼은 너무나도 또렷하게 기억이 났다.

'교사인 나는 왜 학교를 좋아하지 않을 때가 있을까?', '어떻게 해야 출근하고 싶은 학교가 될까?', '내가 다니고 싶은 학교는 어떤 학교일까?', '학교는 왜 다니는 걸까?', '언제까지 학교에 다닐까?', '학교는 나에게 무엇인가?', '나는 학교에게 무엇인가?'……. 한 번 물꼬가 트인 학교 생각은 꼬리에 꼬리를 물고 이어졌다. 마침 EBS에서 〈학교란 무엇인가?〉라는 프로그램이 방송 중이었는데, 이를 보며 학교 생각은 더 길게 이어졌다. 돌아보면 초중고를 합쳐 12년, 교대 6년(4년이면 족하건만 애먼 짓을 하느라 이도 한참을 더 다녀 간신히 졸업했다)을 다니고 교사가 되어 다시 학교에 다니기 시작하며 십여 년을 보냈다. 그런데 이런 생각을 해본 적이 없다. 이 질문을 나에게 던지며 간단하게 메모하면서 하나씩 생각을 더듬기 시작했다. 간단하게 시작된 메모, 그 메모가 이 책의 출발이었던 것 같다.

대충이나마 생각이 어느 정도 정리되자 이 질문을 학교에 가져가기로 했다. 그런데 어떻게 가져갈까? 이런 이야기를 갑자기 꺼내놓으면 어떤 반응이 나올지 쉽게 짐작이 되었다. 때마침 혁신학교 컨설팅 관계로 전북교육연수원에서 모집한 컨설턴트를 대상으로 회의가 있었는데, 이 자리에서 '액션 러닝(Action Learning)'이라는 생소한 기법을 접할 수 있었다. "액션 러닝에 대해 들어보았는지요?"라는 강사의 질문에 "짱구에 나오는 액션 가면은 들어보았어요"라고 대답해서 웃음을 자아내기도 했다.

강사의 말에 따라 참가한 컨설턴트들이 모둠을 이루어 액션 러닝 기법을 이용하며 대화를 이어나갔다. '혁신학교 컨설팅을 어떻게 할 것인가?'라는 막연한 주제 질문을 이젤 패드 상단에 쓰고 이야기를 나누기 시작했는데, 한 시간 정도 지나니 이젤 패드에 포스트잇이 빼곡할 정도로 다양한 의견이 나왔다. '그래, 바로 이거다!' 연수를 마치며 이 기법을 이용하면 그리 무겁지 않게 학교 이야기를 시작할 수 있겠다는 생각이 들었다.

여기서 잠깐, 이 책을 계속 읽어나가려면 '액션 러닝'에 대한 이해가 필요하다. 학교구성원들의 아이디어를 모으고 이를 조직하는 과정은 모두 이 기법을 이용했기 때문이다. 그런데 문제가 있다. 이를 글로 풀어서 설명하자니 너무 어렵다. 그래도 이에 대한 간략한 설명은 꼭 하고 넘어가야겠다. 막상 해보면 재밌고 아주 다양한 의견을 조목조목 모을 수 있는 손쉬운 방법이다. 이 기법을 조금만 익혀 교육과정 워크숍에 활용하면 교사들의 말문이 열린다. 어른들도 이런데 수업에서는 두말할 필요가 없다. 『액션 러닝으로 수업하기』라는 책도 있으니 말이다. 지면 관계상 의미와 기법만 간략하게 소개한다. 이 기회에 '액션 가면' 말고 '액션 러닝'도 알아두면, 언젠가 그 진가를 발휘할 날이 반드시 올 것이다.

액션 러닝이란?

팀을 구성하여 각자 자신의 과제 또는 팀 전체가 공동의 과제를 러닝코치(Learning Coach)와 함께 정해진 시점까지 해결해가기 위해 지식 습득, 질문, 피드백 및 성찰을 통해 과제의 내용과 과제 해결의 과정을 학습하는 과정

액션 러닝의 기법

1. 아이스 브레이킹(Ice Breaking)

시작하기 전에 부드러운 분위기를 형성하는 방법으로 활용한다. 교육과정의 첫 이야기를 꺼낼 때 다음과 같이 시작하면 좋다.
- 차 마시기
- 눈 마주치며 인사하기
- 자신의 장단점 말하기
- 명함 주고받기
- 이름으로 삼행시 짓기
- 자기소개하기

2. 명목집단 기법(Nominal Group Technique)

각자의 생각을 공유하기 위해 포스트잇에 아이디어를 써서 간단한 낱말로 정리하여 제시한다. 다음의 경우에 유용하다.
- 분위기가 어색하여 아이디어 생성이 어려울 때
- 짧은 시간에 많은 아이디어를 만들어내야 할 때

- 몇 명이 전체 의견 제시를 주도할 때
- 질보다 양적으로 많은 아이디어가 필요할 때
- 이슈가 상반된 의견으로 나뉘거나 의견이 매우 분분할 때

3. 5WHY 방법

선정된 문제에 대해 '왜'를 연속적으로 다섯 번 물어보면서 근본적인 원인을 찾는다.
- 왜 그런가?
- 이 정도로 괜찮은가?
- 빠트린 것은 없는가?
- 당연하게 생각했던 것이 정말 당연한가?
- 더 좋은 방법은 없는가?

4. 로직 트리(Logic Tree)

현재 상황과 문제가 해결되었을 때의 이상적인 상태를 미리 정해놓고, 이 간격을 좁히기 위해 활용한다. 스티커 투표를 활용하면 한눈에 상황 인식을 공유할 수 있다.
- 현재 상황 제시하기
- 구체적인 문제의 원인 찾기
- 원인에 대한 투표하기

5. 포트폴리오(Portfolio)

모든 액션 러닝이 끝나가는 마지막 단계에서 팀이 무슨 일을 했는지

정리하는 과정이다.

- 과정별로 만들어지는 산출물을 정리
- 결과보고서, 만족도 조사, 자체평가, 진단평가 등 다양하고 창의적으로 제시

6. 질문, 환류(Feedback)

다양한 질문을 통해 새로운 연결 관계를 형성하고, 창의적 사고를 이끌어낼 수 있다. 이를 토대로 피드백이 가능하다.

- 기술적 질문 : 무엇을 하고 있는가?
- 비교적 질문 : 서로 다른 점, 비슷한 점은 무엇인가?
- 인과적 질문 : 이 결과를 불러온 이유는 무엇인가?
- 예언적 질문 : 다음에 어떤 일이 일어날 것이라 생각하는가?
- 방법적 질문 : 어떤 방법으로 문제를 해결할 수 있을까?
- 관련적 질문 : 유사한 상황에서 어떻게 활용할 수 있을까?
- 가치 지향적 질문 : 최선의 방법은 무엇이라고 생각하는가?

다시 학교 이야기로 돌아가자. '내가 다니고 싶은 학교는 어떤 학교인가?' 이 질문에 대한 대답을 학교교육과정의 첫걸음으로 삼았다. 대답을 언제, 어떻게 들을까 고민하다가 학생들의 아이디어는 다모임을 통해서, 교사들의 아이디어는 교육과정 워크숍을 통해서, 학부모의 의견은 학부모 간담회를 통해서 듣기로 했다. 막상 질문을 던지고 그 대답을 포스트잇에 받아보았는데, 듣지도 보지도 못한 학교 이야기가 쏟

아져 나왔다. 중복되는 것을 묶고 유형별로 나누어서 정리했다. 이를 '교육과정에 감성을 더하자'는 취지로 그대로 학교교육과정에 담았다. 어떤 학교들이 있는지 천천히 읽어보자. 읽어보면서 교사, 학생, 학부모 중에 누가 쓴 것인지 짐작해보는 것도 재미있을 것이다.

다니고(보내고) 싶은 학교는?

배움이 즐거운 학교

- 닌텐도 학교
- 캠핑하는 학교
- 숙제 없는 학교
- 동물 키우는 학교
- 요리하는 특기학교
- 학생 수 적은 학교
- 인생 공부하는 학교
- 놀면서 공부하는 학교
- 현장체험학습 많이 하는 학교
- 나에 대해 알아볼 수 있는 학교

가르침이 보람된 학교

- 요리하는 학교
- 자유로운 학교
- 여행하는 학교
- 체육 있는 학교
- 교과서 없는 학교
- 춤 알려주는 학교
- 지역사회에 봉사하는 학교
- 아이들과 잘 어울리는 학교
- 아이들 문제 공감하는 학교
- 착한 아이가 많은 학교

마음이 통하는 학교

- 친절한 학교
- 칭찬 주고받는 학교
- 소통이 잘되는 학교
- 함께 차 마시는 학교
- 아빠가 있는 천안학교
- 해결해야 할 문제가 없는 학교
- 모든 것을 함께할 수 있는 학교
- 마음 편하게 생활할 수 있는 학교
- 나를 믿어주는 마음이 편안한 학교
- 입담 좋은 직원이 있는 재미있는 학교

사계절 행복한 학교

- 초능력 학교
- 라면 먹는 학교
- 공부 안 하는 학교
- 괴롭힘 없는 학교
- 선생님 없는 학교
- 내 마음대로 하는 학교
- 평화롭고 재미있는 학교
- 꽃이 가득 피어있는 학교
- 웃으며 인사 나누는 학교
- 목공교실, 수영교실이 열리는 학교

일부러 멋진 말로 바꾸지 않고 있는 그대로 옮기다 보니 읽다가 잘 이해가 되지 않는 것이 있을지 모르겠다. 예를 들어 '아빠가 있는 천안학교'와 같은 경우 말이다. 우리 학교 구성원들이라면 다 알지만, 아무래도 부연설명이 필요할 것 같다. 이 아이의 아빠는 가정 형편상 천안에서 직장을 다니고, 아이만 할머니가 계신 시골로 내려와 우리 학교에 다닌다. 여느 할머니가 그렇듯이 할머니의 손주 사랑은 아주 각별하다. 아이의 딱한 사정을 알고 학교에서도 잘 챙겨주지만, 아이의 소원은 아빠와 함께 사는 것이다. 그런 바람이 그대로 나타난 것이다. 이를 어떻게 다른 말로 옮긴단 말인가? 그래서 그대로 학교교육과정에 넣기로 했다. 비록 당장 이 아이가 아빠한테 갈 상황은 못 되지만, 이 아이의 마음을 읽어주는 학교를 우리 모두 만들어보자는 뜻이었다.

이렇게 우리의 바람을 담은 '다니고 싶은 학교'는 언제부터인지 교사들에게 공약처럼 여겨지기 시작했다. 이런 학교를 하나씩 만들어가야 한다는 마음이 꿈틀대기 시작했다. 짧게나마 어떻게 이런 학교를 만들어갔는지 이야기를 들어보자.

'닌텐도 학교'(게임기 닌텐도 맞다)를 만들기 위해 스마트스쿨을 구축하여 전교생이 스마트패드를 갖게 되었다. '캠핑하는 학교'를 만들기 위해 가족과 함께하는 별밤캠프를 열었다. '동물 키우는 학교'를 만들기 위해 아이들과 함께 직접 동물농장을 만들어 토끼와 닭을 키우기 시작했다. '요리하는 학교'를 만들기 위해 계절별로 요리교실을 운영했다. '라면 먹는 학교'를 만들기 위해 회식 다음 날이면 얼큰한 해장라면을 끓여주기도 했다. '소통이 잘되는 학교'를 만들기 위해 정기적으로 교

다니고 싶은 학교 만들기. 목공교실, 사계절 행복한 학교, 캠핑, 요리교실.
(상단 왼쪽부터 시계 방향으로)

원-학부모 간담회를 열었다. '꽃이 가득 피어있는 학교'를 만들기 위해 교장 선생님은 한여름에도 땀을 뻘뻘 흘리며 교정을 가꾸었다. '목공교실이 있는 학교'를 만들기 위해 책 대신 연장을 들고 야외용 테이블과 책받침, 화단 울타리도 직접 만들었다. '입담 좋은 직원이 있는 재미있는 학교'를 만들기 위해 교무실에 먹을거리가 끊이지 않는다. 입이 즐거워야 입담도 살아나니까. '선생님 없는 학교'를 만들기 위해 출장도 자주 다녔다. '체육 있는 학교'를 만들기 위해 체육 시간만큼은 기필코 사수했다. '교과서 없는 학교'를 만들기 위해 학교를 떠나서 배우는 날도 많았다……

이렇게 가다가는 날 새도 학교 이야기를 다 못하겠다. 나머지는 상상에 맡기겠다. 아직도 상상이 안 되는가? 그렇다면 다시 묻겠다. 아이들이 이 책을 읽지는 않을 테니 어른들에게만 묻겠다. 가까이 있는 펜을 들고 생각나는 대로 적어보자. 책 아끼려고 여백으로 남겨두지 말고 진짜로 적어보자. 이 질문으로부터 새로 시작하자.

교사인 내가 출근하고 싶은 학교는 어떤 학교인가?

교육공동체의
약속을 정하라

 '철학이 있는 교육과정 만들기', 모 연수원에서 내게 부탁한 교육과정 관련 강의 주제였다. 의도야 알지만, '이거 제목부터 낭패구나' 하는 생각이 들었다. 앞에서 교사들이 제일 받기 싫어하는 연수가 교육과정과 관련된 연수라고 하지 않았는가. 그런데 거기다 철학이라는 말까지 붙여놓았으니 이 연수를 받을 연수생들의 마음은 벌써 콩밭에 가 있을 게 뻔했다. '철학'이라고 하면 무엇이 떠오르는가? 보통 철학자들은 남들이 다 아는 이야기를 아무도 못 알아듣게 말하지 않던가? (웃자고 하는 이야기이니 철학을 비하했다며 죽자고 따지지는 마라.) 그러니 어찌 연수생들의 관심 부족을 탓하겠는가?
 그러나 이 연수를 기획한 장학사의 의중은 옳다. 철학과 교육과정은 맞닿아 있는 게 맞다. 우리가 철학을 그저 단순한 지식으로만 배우다 보니 편견을 갖게 된 것이다. 여기에 겉 다르고 속 다른 교육과정이 결합하면서 오히려 부작용이 커진 것이다. 앞에서 교육과정에 대한 돌직구를 던져왔는데, 이를 한 마디로 표현하면 '삶과 유리된 교육과정'이라 할 수 있다. 우리의 삶과는 너무 먼 이야기를 나누는 것이 우리의 관심조차 멀어지게 한 것이다. 그러니 철학도 교육과정도 둘 다 어렵고 정이 안 간다.

문제의 원인을 알았으니 해법을 찾아보자. 철학이 추구하는 것은 결국 인간의 삶이다. '삶이란 무엇인가?' 살면서도 이런 생각을 할 겨를이 없다. 앞에서 나는 왜 다니는지도 모르는 채로 학교에 다녔다고 고백했다. 이런 의문을 품기 전과 후의 학교생활은 눈에 띄게 다르다. 이런 의문을 품는 것이 철학이라면, 우리가 학교에서 가져야 할 의문은 무엇일까? 너무 어렵게 접근하지 말자. 학교에 있는 것(존재)과 학교에서 이루어지는 것(행위)의 가치와 의미를 생각해보면 된다. 즉 아이들, 교사, 학부모는 어떤 존재인가? 이 존재 가치를 실현하기 위하여 학교는 무엇을 해야 하는가? 그 속에서 가르침과 배움은 어떠해야 하는가? 평가는 어떻게 해야 하는가?······. 이런 물음에 대하여 학교구성원이 서로 생각을 나누는 것, 이것이 교육과정이 철학과 만나는 것이다.

그러면 이런 생각을 어떻게 나눈단 말인가? 앞에서 이야기한 액션러닝 기법을 적용하면 된다. 좋다. 그런데 언제 한단 말인가? 언제라도 좋지만, 교육과정 운영 평가가 이루어지는 연말쯤이 좋다. 교사의 경우는 교육과정 워크숍 때 하면 좋은데, 이마저도 여의치 않으면 질문지를 만들어 받거나 메신저를 이용하는 방법도 있다. 학생의 경우는 회의 때 활용하거나 복도에 질문과 함께 이젤 패드를 붙여놓고 포스트잇과 펜을 남겨두고 오가며 적게 하는 수도 있다. 이렇게 하면 오히려 더 자유분방한 생각이 많이 나온다. 학부모의 경우는 연말에 간담회 때가 좋은데 이마저도 여의치 않으면 포스트잇이나 질문지를 가정통신문과 함께 나눠주고 학생에게 받아오게 할 수도 있다. 학부모와 함께 SNS를 이용하는 것도 좋은 방법이다. 우리 학교는 모바일 커뮤니티인 '밴드'를 교직원과 학부모가 함께 이용하는데 좋은 소통의 창구로 쓰이고 있다.

이제 이렇게 나온 생각을 모았다면, 비슷한 것끼리 묶어 의미를 살려 몇 개의 문장으로 만들면 된다. 오른쪽 표는 이런 과정을 거쳐 만든 우리 학교의 약속이다. 기존 학교장 경영관을 대신하여 학교교육과정의 첫 장에 제시했다. 그 의미는 이미 2장에서 설명한 바 있다. 이 약속은 학교구성원의 가치를 담아 만든 것으로 교칙도, 교육과정도, 생활규정도 이와 의미를 같이하도록 다듬었다. 그러니 국가로 치면 헌법과 같은 것이다. 여기에서 일련의 모든 계획이 출발했다. 교육과정에 철학을 담기, 이 정도라면 할 만하지 않은가? 이 질문에서 학교 형편에 따라 몇 가지를 넣거나 빼서 활용한다면, 이보다 훨씬 근사한 학교 철학이 만들어질 것이다. 한번 만들어보고 싶지 않은가? 덧붙인 〈학교 생각 나누기〉 양식을 이용해서 아름다운 가치가 담긴 우리 학교만의 철학을 세워보기 바란다.

왕궁교육가족의 약속

이 물음과 대답은 학교를 학교답게 만들기 위하여 학생, 교직원, 학부모가 머리를 맞대고 구상한 약속으로 왕궁교육가족의 학교살이에 대한 생각을 담았다.

아이들은?	• 마땅히 존중받아야 할 소중한 인격체이다. • 스스로 삶을 살아갈 수 있는 힘이 있다. • 말 잘 듣는 것도 좋지만, 할 말은 할 줄 알아야 한다.
교사는?	• 아이들과 함께 배우며 성장한다. • 아이들을 관심과 사랑으로 보살핀다. • 지식을 가르치는 일을 넘어 삶을 가꿔주는 사람이다.
학부모는?	• 아이가 꿈꿀 수 있는 보금자리이다. • 내 아이가 우리 아이들 속에서 성장하도록 돕는다. • 학부모이기 전에 부모로서 행복한 삶을 살아간다.
학교는?	• 배움이 즐거운 곳이다. • 가르침이 보람된 곳이다. • 마음이 통하는 곳이다. • 사계절 행복한 곳이다.
배움은?	• 스스로 할 때 가치가 있다. • 혼자 하는 것보다 여럿이 함께할 때 참 배움이 일어난다. • 실패에서 훌륭한 배움이 일어난다. 실패를 비난하거나 두려워하지 않는다.
가르침은?	• 무한한 용기가 필요한 일이다. • 아프지 않고는 할 수 없는 일이다. • 아이들의 삶을 보듬으며 내 삶이 다듬어지는 과정이다.
평가는?	• 점수를 따지고 등수를 매기는 것이 아니다. • 삶을 살펴보고 만들어가는 과정이다. • 배움의 과정이며 아이의 성장을 돕는 일이다.

학교 생각나누기

학교에 대한 생각을 나누어 봅니다.
우리의 생각을 모아 아름다운 가치를 학교에 담으려 합니다.
아래 물음에 대하여 자신의 솔직한 바람을 간단하게 적어보세요.

아이들은?	교사는?	학부모는?

학교는?	가르침은?	배움은?

평가는?		

교육과정 워크숍, 교육을 이야기하라

"이런 워크숍 처음이야!"

교육과정 워크숍이 끝나자 올 초에 전입해 온 교사가 이렇게 말했다. 왜 그러냐고 이유를 물었더니 "이렇게 편안한 분위기에서 진지하게 서로 할 얘기 다 하는 워크숍은 처음이에요"라고 한다. 전입교사는 왜 이런 말을 한 걸까?

학교마다 학기 말 또는 연말이면 '교육과정 워크숍'이란 이름으로 직원여행을 겸하여 나들이를 간다. 물론 학교에서도 할 수 있으나, 한 학기 또는 1년을 돌아보며 새로운 다짐을 하자는 취지이니 이렇게 여행과 어우러지면 더 맛이 나는 게 사실이다. 그러나 돌아보면 이름만 그럴싸하게 '교육과정 워크숍'이라 붙이고 대부분 그저 관광만 하고 오는 경우가 많았다. 그러자니 연구부가 아닌 친목회에서 이 행사를 주관한 적이 더 많았다. 여행은 즐거웠다. 그러나 추억은 담아오지만, 정작 학교 이야기는 나누지 못하는 경우가 많았다.

 교육과정 워크숍을 제대로 할 수 없을까? 여행도 좋지만, 학교 이야기를 나눌 수 없을까? 할 것 하고 나서 자연과 사람과 어우러지면 더 좋지 않은가? 그러나 학교문화가 제대로 정착된 몇몇 학교를 제외하고는 이런 분위기가 쉽지 않은 것이 학교의 속사정이다.

 무엇보다 이름값을 해야 한다는 교사들의 인식이 필요하다. 교육과정 워크숍이라 이름 붙였다면 교육과정을 이야기해야 한다. 이러지 않을 거면 그냥 직원여행을 떠나면 된다. 워크숍에 들어가는 예산도 만만치 않다. 학교 규모나 여행코스, 숙식에 따라 다르겠지만, 6학급 규모인 우리 학교만 보더라도 1박 2일의 일정을 진행하는 데 200만 원 가까이 들어간다. 이 돈은 국민의 세금이다. 공무원들의 이런 행태를 많이 비판하지 않았는가? 그 비판을 우리 자신에게 해보자. 이름만 교육과정 워크숍 운영 계획이라 내부결재를 해놓고 직원여행을 떠나고 있지 않은지 가슴에 손을 얹고 반성해볼 일이다.

 이런 관점의 전환만 있다면, 학교 이야기를 나누는 교육과정 워크숍은 충분히 가능하다. 그러면 참가 여부를 고민하는 교사들이 없게 된다. 가야 한다. 가자. 가서 속 깊게 한해를 돌아보고 다음 해 계획을 세우자. 묵은 감정이 있다면 털어내고 영차영차 해가며 동료애도 다져보자.

 교육과정 워크숍에서 학교 이야기를 나누기 위해서 준비해야 할 것이 있다. 물론, 의례적으로 작성한 계획서에 담겨있는 그런 준비를 말하는 것이 아니다. 거기에 딱 한 가지만 더하면 된다. 바로 이야깃거리다. 이를 몇 개의 질문 형태로만 준비하면 충분히 이름값을 하는 교육과정 워크숍이 될 수 있다. 아래와 같은 몇 개의 질문을 얹어 액션 러닝 기법을 활용하여 발표하는 시간을 가져본다면 충분히 그 이름값을 할 수 있다.

교육과정 워크숍에서 함께 나눌 이야기
 – 내가 출근하고 싶은 학교는?
 – 올 한해 교육활동 중에 기억에 남는 것은?
 – 내년에 꼭 해보고 싶은 교육활동은?
 – 아이들에게 어떤 힘을 길러주고 싶은가?
 – 나는 어떤 교사로 살고 싶은가?

원활한 토의가 되려면, 모둠 구성이 중요하다. 작은 학교의 경우에는 전체가 모여서 함께 진행하는 것이 좋고, 큰 학교의 경우에는 초등이라면 동 학년별로, 중등이라면 과목이나 학년별로 진행한 다음 전체 발표 시간을 가지면 된다. 물론, 세미나실 같은 안정적인 회의실을 미리 예약해두면 좋다. 그러나 이마저도 여의치 않다면, 대학 시절 MT 때 기분으로 온돌방에 빙 둘러앉아 이야기를 나누어도 좋다. 이렇게 나눈 이야기는 학교를 학교답게 만드는 소중한 가치가 된다. 짧으면 한 시간 길어야 두 시간이다. 이 시간 낼만하지 않은가?

여기서 중요한 것이 하나 남았다. 교육과정 워크숍을 하고 나면 반드시 그 과정을 기록하여 내부결재 문서로 남겨두어야 한다. 공문 줄이자고 하면서 무슨 또 내부결재 문서를 만드냐고? 이런 문서는 반드시 남겨놓아야 한다. 학교에 있는 내부결재 문서를 보라. 계획서만 차고 넘친다. 교육과정 워크숍의 경우에도 목적, 방침, 세부추진계획, 기대효과 등을 망라한 계획서는 있지만 가서 무엇을 했는지, 그 결과가 어땠는지 남아있는 것이 없다. 좀 귀찮더라도 그 시간에 나눈 생각을 기록으로 남겨놓는 작업은 반드시 해야 한다.

업무포털을 조회하여 찾아보니 공문 이름도 〈교육과정 워크숍, 그 아름답고 소중한 이야기〉이다. 공문치고는 참 멋스러운 제목을 달고 있다. 하긴 공문이라고 해서 굳이 딱딱하게 쓸 필요가 있나? 이런 경우라면 생생한 느낌을 담아두기 위해서라도 있는 그대로 기록하여 담아두는 것이 훨씬 좋다. 그래야 다음에 쓸모가 있다. 올해 우리 학교에 새로 왔는데, 교육과정 워크숍을 어떻게 진행할지 고민하다가 아래 문서를 만났다고 가정해보라. 이 문서를 읽으며 어떤 기분이 들까?

【교육과정 워크숍, 그 아름답고 소중한 이야기 1】

학년 말에 떠난 여행

2013년 12월 6일(금) 오후 3시에 수업을 마치고 학교버스를 이용하여 남원으로 출발했다. 4시 30분경 숙소인 켄싱턴리조트에 도착했다. 리조트이다 보니 좀 럭셔리하다. 작년에 부안으로 갔을 때 펜션을 이용했는데, 그때와 비교해보니 비용은 별로 차이가 나지 않는다. 더구나 5만 원이라는 저렴한 비용으로 세미나실까지 쓸 수 있었으니 회의 분위기도 자연스럽게 갖추어져서 좋았다.

먼저 마음을 열기 위해 우쿨렐레 반주에 맞춰 힘차게 박수를 치며 '연가'를 함께 부르는 것으로 시작을 했다. 우리끼리 '앵콜!'을 외치고 '내가 만일'을 한 곡 더 불렀다. 이렇게 함께 노래를 부르고 나니 분위기가 훨씬 부드러워졌다. 학교 이야기를 나눌 준비가 되었다. 이야기는 액션러닝 기법을 활용하여 아래와 같은 순서로 이어졌다.

1. 내가 출근하고 싶은 학교는?

지난주에 어린이회의 시간에 '내가 다니고 싶은 학교는?'이라는 질문에 대한 답으로 나온 여러 가지 학교 이야기를 들려주며 교사인 우리가 아침에 눈 뜨면 출근하고 싶은 학교는 어떤 학교인지 붙임딱지에 하나씩 적어보았다.

- 꽃이 가득 피어있는 학교
- 마음 편하게 생활할 수 있는 학교
- 나를 믿고 신뢰해주는 마음이 편안한 학교
- 아이들과 직원들과 학부모와 잘 어울리는 학교
- 소통이 잘되는 학교
- 즐거운 학교
- 아이들이 싸움과 문제를 일으키지 않고 착한 아이가 많은 학교
- 입담 좋은 직원이 있는 학교, 웃으며 삽시다
- 출근하는 내게 언제나 웃으며 인사해주는 동료가 있는 학교
- 선생님들과 사이좋은 학교(함께 차 마시며, 아이들 문제 공감하며, 협의할 수 있는 학교)
- 함께할 수 있는 학교(교사, 학생 모두)
- 해결해야 할 문제가 없는 학교

하나씩 사연과 곁들여 설명을 들었다. 이런 학교를 내년에도 만들어보자고 결의를 다지며 박수를 함께 쳤다.

2. 올해 기억에 남는 것은?

이 질문에 선생님들은 지난 1년을 차분히 돌아보고 다음과 같은 기억을 더듬어 주었다.

- 체험활동하며 집중하고 열심인 모습

- 세상 제일 환한 미소 '영어체험행사'
- 전교생이 함께한 삼겹살 파티
- 목공교실과 고기파티
- 자유롭고 즐거운 교실 분위기를 만든 것
- 성인권교육 후에 아이들 속옷 선물해준 것
- 행정 업무에 협조해준 교직원
- 지각을 잘 참아주신 교장 선생님께 감사
- 맛있는 점심식사
- 인사 잘하는 학생들
- 기물 파손이 없다
- 미술 시간에 음악을 들려주며 아이들의 학업 스트레스를 달래준 것
- 스마트교육 동아리를 운영하여 구석구석 탐험한 것
- 무사고 마무리에 감사
- 학급 공부(수학, 생일파티)
- 우리 반과 더 좋은 관계 형성
- 그림동화 읽어주기(교사와 학생, 학생과 학생)
- 함께 노래 배운 것
- 아이들과 모둠일기 쓴 것
- 지역 교사들과 함께 나눈 희망교실네트워크
- 보건수업을 기다리며 환호해줄 때
- 보건수업 시간에 비타민 받고 즐거워할 때
- 아이들이 자발적으로 참여하는 학급활동 행사(영어연극, 학급환경 꾸미기)

- 천연염색체험
- 미니 풀장(수도요금이 20만원 더 나왔지만, 아이들이 즐거워하니 계속 하기로 함)
- 방과후활동으로 배운 악기 연주 실력이 늘어가는 모습
- 이야기를 많이 들어주고, 나의 이야기를 들려주어, 서로 이해의 폭이 깊어진 것
- 모두가 함께한 운동회 '왕궁가족한마당'(학부모를 준비위원회로 같이 꾸린 점)
- 아이들 행복한 영어파티를 기획하고 만들어갈 수 있어서 행복했다

이렇게 사연과 함께 돌아보니 선생님들 얼굴에 모두 흡족한 웃음이 묻어 있었다. 선생님들이 이렇게 환하게 웃는 한해였다면 올해 교육과정운영은 성공인 셈이다.

3. 내년에 꼭 해보고 싶은 교육활동은?

2014년 새해 교육활동의 방향을 구체적으로 찾아보는 질문이다. 여러 가지 의미 있고 참신한 아이디어가 쏟아졌다.

- 유치원도 초등과 연계하여 다양한 체험하기
- 아이들 역량 강화 프로젝트, 스마트스쿨과 함께하면 좋을 듯
- 문서의 양을 줄이고 교육의 내실을 다지기
- 근사한 음식을 만드는 요리실습

- 전교생, 전교직원이 전북을 벗어나 좋은 호텔에서 맛있는 음식을 먹는 여행
- 갯벌체험, 수학여행 등 자고 오는 체험 행사
- 동료 교사와 함께하는 독서토론
- 봄, 여름, 가을, 겨울학기
- 최고급 컴퓨터로 일하기
- 테마가 있는 생생 체험학습
- 학급 연극 활동
- 교사동아리활동(마음치료)
- 토론교육
- 우리 반만 현장학습!
- 동요노래교실
- 넉살 좋아지는 것
- 창체 동아리를 예술강사에 위탁하지 말고 우리가 해보기
- 아침 시간을 놀이 활동으로
- 교사들만의 동아리 결성
- 아이들 자유 허락(조금 풀어주는 것)
- 10월쯤 야외에서 공연하는 학습발표회
- 봄, 여름, 가을, 겨울 특별학교 진행
- 목공교실 계속하기

이렇게 아이디어를 쏟아내고 이야기를 나누다 보니 정말 시간 가는 줄 몰랐다.

4. 2014 학사일정 논의

이렇게 이야기된 교육계획을 실천하기 위하여 학사일정을 함께 고민해서 1학기 101일, 2학기 90일의 총 191일을 수업일수로 하는 학사일정 협의를 마쳤다.

5. 올해 예 · 결산 내역 검토하고 내년 살림살이 계획하기

결산서를 중심으로 올해의 사업들을 검토하고 내년에 반영할 구체적인 교육활동비에 대하여 방향성을 공감하고 세세한 예산계획은 다음에 다시 논의하기로 했다.

6. 신나는 회식

흑돼지 요리를 주식으로 맛있는 저녁 식사를 하고 이어진 뒤풀이 자리도 즐거웠다.

7. 옻칠목공예체험

이튿날 아침을 먹고 목공예체험을 하기 위해 생활협동조합에서 꾸린 체험장을 찾았다. 머리핀, 목걸이, 선반, 수납장 등 본인이 원하는 것을 하나씩 골라 직접 만들어보았다. 두 시간가량 직접 만드는 과정이 재미있었고 그 과정을 알고 나니 세상에 단 하나밖에 없는 나만의 옻칠공예품

이 너무 멋스러웠다. 설문지 분석도 중요하지만, 이렇게 속 깊은 이야기를 나누다보니 설문지는 별 필요성을 느끼지 못하겠다. 그래서 과감히 패스~.

【교육과정 워크숍, 그 아름답고 소중한 이야기 2】

1학기 말에 떠난 여행

2014년 7월 11일(금)~12일(토), 1박 2일 일정으로 교직원이 함께 무주 덕유산리조트에 다녀왔다. 금요일 오후, 아이들 하교 후에 학교버스를 타고 출발해서 이튿날 오후 4시경에 다시 학교에 도착했으니 꼬박 하루를 함께 보냈다.

도착하니 오후 6시 정도였는데 숙소에 간단하게 짐을 정리한 후에 바로 워크숍에 들어갔다. 저녁 식사는 안정적인 회의를 위해 오후 8시로 예약을 해두었고, 혹시 허기가 질까 봐 샌드위치를 미리 준비해두었다. 작년

2학기에 남원으로 갔을 때는 세미나실을 저렴하게 쓸 수가 있었는데, 이번에는 최소 30만 원을 지불해야 한다기에 비용 절감을 위해 숙소 거실을 회의 장소로 이용했다. 교사들이 주축이 되는 회의다 보니 행정실 직원들이 이 시간을 보내기가 막연했던 적이 있는데 참여를 권장하되 본인이 판단하도록 했다. 행정실장이 참석했고 다른 직원들은 별도로 시간을 갖기로 했다.

워크숍의 주제는 1학기 평가와 2학기 계획으로 나누어지는데, 이를 세분화하여 5가지 질문으로 만들었다. 이 질문에 생각을 포스트잇에 간략하게 적어보고 이에 대하여 덧붙여 설명하는 방식으로 돌아가며 이야기를 나누었다. 가정의 일로 참석하지 못한 교사가 있었는데, 그래도 소외되지 않고 집에서도 회의에 참여할 수 있게 질문과 답변을 교직원을 대상으로 운영하는 네이버 밴드에 동시에 올렸다.

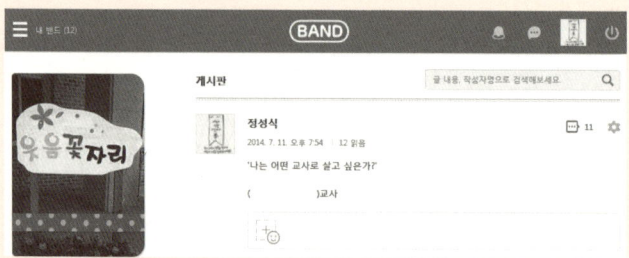

이야기를 간략하게 정리하면 다음과 같다. 이렇게 나눈 이야기는 우리의 내면을 자라게 하여 2학기를 준비하는 데 큰 힘이 될 것이다. 우리에게만 그렇겠는가? 후일 이 학교에 오는 선생님들에게도 많은 도움이 될 것이다.

1. 1학기 동안 의미 있었던 교육활동은 무엇인가?

- 학교 텃밭과 동물농장
- 봄행복학교, 학급프로젝트 학습
- 꽃 정리
- 토닥토닥 동물농장, 스마트스쿨
- 봄행복학교, 요리체험, 동물농장
- 봄행복학교 중 토닥토닥 동물농장 개장식과 학교 텃밭 가꾸기
- 봄행복학교 목공교실
- 졸업식, 행복학교 운영, 학생 의견 반영
- 봄행복학교, 요게 워낙 크게 묶어서 다른 것은 기억이 안 나요
- 텃밭 가꾸기, 동물농장, 목공교실, 영화 관람, 웃음꽃자리
- 얇아진 만큼 삶이 담긴 교육과정
- 눈물의 스마트스쿨
- 봄행복학교(요리체험 동물농장)
- 11명 악동과의 만남(특히 개구쟁이 남학생 7명)
- 봄행복학교가 가장 기억에 남아요. 텃밭 가꾸기와 동물농장은 지금까지도 이어져 오고 있어서 아이들에게는 좋은 경험과 교육이 될 것 같아요.
- 스마트스쿨이 얼마 전 완료돼서 온전히 수업은 못 했지만 오늘 전자칠판을 이용해 수업을 해보니 신세계였습니다. 책상 앞을 왔다 갔다 하지 않고 집중해서 바로 수업할 수 있어서 좋았어요. 스마트패드까지 와서 온전히 익숙해지면 스마트교실 수업 도구 활용으로 더 좋은 수업

을 아이들과 함께할 수 있을 것 같아요

2. 아이들에게 어떤 힘을 길러주고 싶은가?

- 토론을 통한 배려 등등
- 자율성, 긍정
- 스스로 생각하고 계획하고 실천하는 것
- 생각이 살아 있고 그 생각을 말과 글로 살아 있게 표현하는 능력
- 나를 표현하고 남을 이해하고
- 엄마 품속 같은 사랑
- 창살 없는 감옥으로 느끼는 학교가 아니라 함께 나누고 도와주며 배우는 곳이라는 것을 느끼는 것
- 웃음, 배려, 긍정, 이런 아이들로 키우기
- 유선시사(唯善是師), 선한 마음이 길러지도록 지도해보고 싶다
- 좋은 생활 습관 형성, 사랑받음
- 다른 사람의 강요와 강제가 아닌 스스로 만들어가는 삶을 살도록 도와주고 싶어요

3. 1학기 동안 운영했던 교육과정 재구성 사례는 무엇이 있나?

- 교육과정 운영 지원
- 스토리텔링 수학
- 프로젝트학습 : 선정 ⇨ 조사 ⇨ 견학

- 동아리활동(동아리 활동 시간에 동요 부르기)
- 목공교실, 노작활동
- 영양수업 시도
- 5학년 역사교육. 역사의식을 키워주고 싶어요
- 책 읽기 지도
- 인성교육

4. 2학기에 운영하고 싶은 교육활동은?

- 인성교육
- 체력 활동
- 거꾸로 교실
- 별밤캠프
- 마음의 여유
- 소통하는 수업
- 회식 2회
- 알맹이 있는 학예회
- 인성교육과 진로교육, 그리고 쫓기지 않고 여유롭게 수업하기

5. 나는 어떤 교사로 살고 싶은가?

- 기억에 남는 교사
- 학생의 마음을 헤아려주는 교사

- 방향을 주는 교사
- 보면 기분 좋은 선생님
- 회고록을 쓸 수 있는 교사
- 친구와 교사 중간 즈음
- 긍정적으로 변화하는 교사
- 아이들이 미래 사회에 행복감을 느끼며 살 수 있도록 하는 교사
- 좋은 교사
- 끈과 같은 교사(영화 〈죽은 시인의 사회〉에서 로빈 윌리엄스가 맡은 존 키팅 선생님이 이야기한 끈과 같은 교사')
- 아이들의 마음과 이야기를 잘 들어주는, 기대고 싶은 교사

이렇게 돌아가며 이야기를 나누다 보니 저녁 8시가 조금 넘어서야 끝이 났다. 허기를 달래기 위해 식당으로 바로 이동했다. 구천초등학교에 근무하는 선배 교사의 도움으로 예약한 '복봉창능이해물칼국수'라는 식당은 구천초 인근에 있는데 자연산 능이버섯과 송이버섯을 이용한 버섯전골의 맛이 그야말로 일품이었다. 늦은 저녁이었지만 진솔한 이야기와 반주를 곁들인 회식 분위기로 웃음소리가 끊이지 않았다. 식사를 마치고 한 시간 정도 노래방에서 시간을 보낸 후에 돌아온 숙소에서도 소소한 생활사를 곁들인 이야기가 밤늦도록 이어졌다.

이튿날 아침 식사는 어제 저녁 식사를 한 곳에 해장국을 미리 주문해두었는데, 해장국에 장녀삼도 하나씩 올려주는 정성을 곁들여주었다. 든든하게 아침을 먹고 곤돌라를 타고 향적봉에 올랐다. 장마가 시작되어 무더위와 꿉꿉한 기운에 많이 지쳤는데, 덕유산의 기온과 바람은 선선하기만 했다.

향적봉 정상에서 단체로 기념사진을 찍었다. 날씨가 흐려서 그런지 환한 인물들이 흐릿하게 나온 것이 아쉬웠지만, 표정만큼은 다들 환하게 웃고 있었다.

산에서 내려와 커피전문점에서 음료와 커피를 한 모금씩 들이켜니 어느덧 점심시간이 되었다. 송어회를 먹고 싶다는 선생님들의 요구에 따라 미리 '토옥동산장'에 예약을 해두었다. 남덕유산자락에 자리 잡은 횟집은 휴일을 맞아 주차 공간이 없을 만큼 손님으로 북적대고 있었다. 1급수에서 양식한 싱싱한 송어회에 매운탕을 곁들여 점심을 먹고 계곡 물에 발을 담가보았다. 물이 어찌나 차가운지 금방 발을 빼내야 할 정도였다. 계곡에 눌러앉아 하염없이 시간을 보내고 싶었지만, 아쉬운 마음을 뒤로하고 버스에 올랐다. 이곳에서 학교까지는 한 시간이 채 걸리지 않는 거리인데, 이틀간의 여정이 고단했는지 그 짧은 시간 모두 잠을 청하는 바람에 돌아오는 버스 안은 고요했다. 학교에 도착하여 선생님들과 인사를 나누고 동물농장에 들러 물과 사료를 잔뜩 주고 나서 집에 왔다. 버스 안에서 잠깐 졸기는 했지만, 이 정도로는 성이 차지 않았는지 집에 도착하여 바로 깊은 잠에 빠져들었다. 저녁을 먹자고 깨우는 소리를 잠결에 들은 것 같은데, 무거운 몸을 차마 일으키지 못했나 보다.

얼마나 잤을까? 주위의 고요함에 눈을 떠보니 자정이 훨씬 넘었고 창밖에는 가늘게 비가 내리고 있었다. 간단하게 허기를 달래고 나서 함께 나누었던 이야기의 느낌을 되새겼다. 짧은 기간이었지만, 그래도 속 깊고 아름다운 학교 이야기를 참 많이 나누었다.

선택하라,
그리고 집중하라

　세월호 참사가 있고 얼마 지나지 않아 교육부는 '수영실습 희망조사' 공문을 보냈다. 학생 안전교육의 일환으로 교육부에서 특별교부금을 지원하여 수영 강습을 받게하겠다는 요지였다. 참으로 기가 막힐 노릇이다. 그 꽃다운 나이에 허망하게 생을 마감한 아이들이 수영을 못해서 그 험한 일을 당했단 말인가?

　수영, 물론 배우면 좋다. 그런데 이런 식이어야만 하나? 이렇게 불쑥 학교에 끼어든 교육이 어디 한두 가지이던가? 세월호 참사도 대책을 마련하려면 사고의 원인을 먼저 밝히고 책임자를 처벌하는 것이 우선이다. 공연히 안전교육 운운하며 이런 교육활동을 억지로 끼워 넣을수록 학교의 상처는 오히려 덧난다. 아픈 이야기를 다시 꺼내 겨우 진정되어가는 마음을 무겁게 해서 미안하다. 하지만 세월호 참사는 이렇게라도 자꾸 되뇌며 기억해야 한다. 잊히는 것만큼 무서운 건 없다.

우리나라 수업시수는 중학교 1학년 학생을 기준으로 보았을 때 OECD 국가보다 연간 100시간 이상이 많다. 이렇게 많다 보니 정규교과 이수 시간도 빠듯하다. 그런데 위와 같은 식의 교육이 자꾸 학교에 들어온다. 어디 이뿐인가? 관련 법령에 따라, 유관기관의 협조 요청에 따라 각종 교육을 실시하라는 지침과 행사 참여 공문이 차고 넘치게 학교로 밀려든다. 교사들의 입에서 "행사가 많아서 힘들다"는 말이 괜히 나오는 것이 아니다. 이를 다 하려면 1년 내내 각종 행사가 이어진다. 그래서 학교는 늘 어수선하다. 이를 준비하는 교사도 바쁘고 학생은 이런 교육활동에 깊이 빠져들지 못하고 교육실적을 위해 동원되는 경우가 많다.

앞에서 가지치기의 예를 들며 학교에서 빼내야 할 것을 나열해보았을 때, 이런 교육활동이 주를 이룬다. 그런데 이를 어떻게 빼낸단 말인가? 공연히 빼자고 했다가는 나태한 교사로 찍히기 십상이다. 그러니 공감이 필요하다. 함께 빼자고 하면 특정인의 나태함이 아니라 교육과정이 된다. 빼내는 과정이 바로 선택이다. 그렇다면 어떻게 선택할까? 이 또한 액션러닝 기법을 이용하면 쉽게 할 수 있다.

1년 동안 교사가 한 일을 모두 포스트잇에 적어보자. 그런 다음 포스트잇을 비슷한 것끼리 분류하고 스티커 투표를 해보자. 포스트잇의 내용을 보고 '교육인 것'에는 파란색 스티커를, '교육은 아니지만 해야 할 것'에는 노란색 스티커를, '교육이 아닌 것'과 '교육을 위해 해서는 안 될 것'에는 빨간색 스티커를 붙여보는 거다. 결과는 어떻게 나올까? 사람들의 생각은 대부분 비슷하다. 같은 색상의 스티커가 같은 포스트잇에 붙는다. 이런 식으로 해서 빨간색 스티커를 많이 받은 것은 덜어내면 된다. 행사가 많다고 백날 뒷소리해야 줄지 않는다. 이렇게 빼내면 된다.

파란색 스티커를 많이 받은 것은 보장해주고, 노란색 스티커를 많이 받은 것은 인정해주면 된다. 그렇다면, 어떻게 보장하고 인정할 것인가? 파란색과 노란색만 하기에도 사실 버겁다. 이 또한 특단의 조치가 필요하다. 그래서 택한 것이 바로 '집중'이다. 특정 시기에 행사들을 집중하여 운영하는 것이다. 행사 하나를 준비하려면 담당 교사 입장에서는 계획 세워서 결재 맡아야지, 현수막이라도 하나 내걸려면 문구 고민해야지, 행사에 필요한 물품을 구입하기 위해서 에듀파인에 품의해야지, 끝나고 나면 결과 처리해서 정리해야지, 때에 따라 시상도 해야지… 보통 손이 가는 게 아니다. 이런 일을 다 묶어서 하나로 처리하는 거다.

그래서 이런 행사들을 계절별로 특정 주간을 정해 한꺼번에 모아서 하기로 했다. 이름도 멋지게 지었다. '사계절행복학교'라 크게 불렀고 계절에 따라 '봄행복학교', '여름행복학교', '가을행복학교', '겨울행복학교'라 불렀다. 계획서도 담당 교사들이 함께 모여 논의한 다음 품의와 더불어 한 건으로 처리했다. 현수막도 크게 하나로 내걸었다. 다음에 나오는 표는 봄행복학교 교육일정이다. 4월 과학의 달을 맞아 과학행사가 결합했고, 학생인권조례에서 언급한 학기별 인권교육 1회를 접목했고, 그 외에 안전교육 지침에 따라 실시해야 하는 학교폭력

:: 봄행복학교 교육일정 ::

	4.28(월)	4.29(화)	4.30(수)	5.1(목)	5.2(금)
1교시	과학캠프	학교폭력 예방교육	장애이해 특강(4~6)	애도교육	문화체험 -영화감상
2교시	과학캠프	인권특강 (1~3)	장애이해 특강(1~3)	동물농장 체험학습	문화체험 -영화감상
3교시	과학캠프	인권특강 (4~6)	놀이교실	요리교실	문화체험 -영화감상
4교시	과학캠프	성교육 (2)	놀이교실	요리교실	문화체험 -영화감상
점심 시간	학교급식	학교급식	학교급식	학급별	(스쿨버스 12시 출발)
5교시	성교육(4) 과학캠프	목공교실	목공교실	다모임	
6교시	방과후교육 활동(목공)	목공교실	목공교실	다모임	
7교시	방과후교육 활동(목공)	목공교실	목공교실	(스쿨버스 3시 출발)	
8교시	방과후교육 활동(목공)	목공교실	목공교실		
하교 지도	(스쿨버스 4시 30분 출발)	(스쿨버스 4시 30분 출발)	(스쿨버스 4시 30분 출발)		

예방교육, 성교육 등이 들어갔다. 여기에 특수교육의 일환으로 장애이해교육이 포함되었고, 목공교실과 학부모와 함께하는 별밤캠프를 주 테마로 잡았다. 그러나 가슴 아픈 일이 벌어지고 말았다. 4.16 이후 애도 분위기 속에서 별밤캠프는 무기한 연기하고 애도교육 시간을 갖기로 했다. 이런 결정을 교사들만 모여서 한 것이 아니다. 분기별로 교

원-학부모 간담회를 갖고 있는데, 이 자리에서 행사기획단을 꾸려 함께 논의했다.

　이렇게 운영하니 공문서도 많이 줄었다. 실제로 얼마나 줄었는지 확인해보았다. 업무포털 자료를 조회하여 기존 방식대로 개별 행사를 운영한 해와 선택과 집중으로 운영한 올해의 공문 자료를 비교했다. 같은 행사를 운영했는데, 공문서는 아래와 같이 크게 감소한 것을 알 수 있다. 공문서만 준 게 아니다. 예산도 크게 절감되었다. 우선 현수막만 해도 이 모든 걸 통합해서 하나로 내걸지 않았는가. 개별 행사로 진행되던 시상도 통합하여 대회 방식을 지양하자 했으니 상장과 상품 대신 모두에게 선물을 주었다.

:: 행사 운영 방식별 공문 발생 현황 ::

구분	개별 행사 운영	선택과 집중 행사 운영
교무실 생산문서	56	6
행정실 생산문서	140	41
계	196	47

　교사의 업무만 줄어드는 게 아니다. 평가회에서 이야기를 나누어보니 아이들도, 교사들도, 학부모도 모두 만족도가 높다. 먼저 아이들의 이야기를 들어보자.

봄행복학교 평가회에서 나눈 아이들의 이야기

1. 저학년 친구들 이야기

- 행복학교에서 페인트칠하는 게 즐거웠다.
- 동물농장에 토끼랑 닭이랑 들어와서 좋다.
- 영화를 봐서 기쁘다.
- 페인트칠을 해서 신나고 즐거웠다(목공체험 색칠하는 것).
- 토끼, 닭 구경하는 게 재밌다.
- 요리활동이 즐거웠다.
- 저 토끼 한 마리만 주세요. 너무 귀여워서 집에 가지고 가고 싶어용.
- 목공체험도 재밌었다. 토끼와 닭이 와서 기분이 좋았다. 토끼를 보러 매일 갈 거다.
- 봄행복학교 재미있었다. 목공체험, 페인트칠이 재미있고 사포질이 힘들었다.
- 목공체험 할 때 페인트가 힘들었다. 토닥토닥 농장이 신 났다. 토끼, 닭을 만나서 기쁘다.
- 페인트칠 정말 재미있었다.

2. 중학년 친구들 이야기

- 행복하고 즐거웠다.
- 공부 안 하고 가방도 안 갖고 오고 체험활동도 하고 영화도 보니까 즐

거웠다.
- 목공교실을 또 해서 재미있었다. 목공교실을 또 하고 싶다.
- 봄 행복학교가 너무너무 재미있었다. 다시 또 하고 싶다.
- 재미있고 앞으로도 이런 봄행복학교가 있으면 좋겠다. 페인트칠할 때가 좋았다.
- 애도교육이 너무 슬펐다. 감동적이었다. 하지만 페인트칠하는 것은 옷이랑 살에 묻어 싫었다.
- 여러 가지 교육도 하고 목공교실도 하고 놀이교실도 하고 요리교실도 하고 모두 다 재미있었다.
- 사방 치기와 비석 치기가 재미있었다. 사방 치기를 더 하고 싶었는데 못해서 아쉬웠다. 다음에 또 하면 좋겠다.
- Are you tired? No! I'm not tired. 재미있었고 또 하면 좋겠다. 특히 요리교실이 좋았다.
- 목공교실이 페인트칠하는 것 빼고 재미있었다. 그것보다 더 재밌던 것은 사방 치기이다.
- 제일 기억에 남는 것은 5월 1일, 토닥토닥이라는 작은 동물원에 토끼랑 닭이랑 새 친구가 생겼다.
- 아주 재미있었다. 여객선 침몰은 슬펐다. 그래도 행복학교 베리굿~
- 선생님이 재밌고 즐거워서 좋았다. 토끼를 못 만져서 아쉬웠다.
- 목공교실에서 사포질 톱질이 재미있었다. 다음에 또 했으면 좋겠다.
- LOVE YOU
- 재미있고 새로운 경험을 했다. 토끼가 너무 귀엽고 사랑스럽다.
- 요리교실과 과학캠프, 목공교실을 해서 좋았다.

3. 고학년 친구들 이야기

- 오늘 요리교실 정말 재미있었다. 내가 라면을 끓여줘서 친구들이 맛있다고 했다. 다음에도 하고 싶다.
- 목공교실은 힘들었지만 농장체험, 장애이해교육은 재미있었다.
- 페인트칠할 때 더워서 짜증도 났지만, 그래도 다하고 보니까 너무 뿌듯하다.
- 이번 1주일간 굉장히 재밌었다. 힘들었다. 토끼를 보고 닭도 봐서 좋았다.
- 오늘 세월호 이야기에 좀 슬펐다.
- 우리 학교에서만 특별하게 목공체험, 페인트칠 요리실습, 공기 로켓 등을 해서 좋았다.
- 다 재미있었고 여름행복학교가 기다려진다.
- 요리교실, 목공교실 등 여러 가지 체험이 즐거웠고 세월호 추모교육 때가 뜻깊었다.
- 페인트칠할 때 좋았다. 나는 동물농장이 좋았다. 이런 일상 좋다.
- 매일 공부만 하다가 일주일 동안 요리도 직접 해서 좋았고 이제 토끼랑 닭을 키우니까 매일 동물농장에 가야지.

어떻게 일주일을 보냈기에 아이들 입에서 이런 말이 나올까? 이 기간 교감 선생님이 비디오카메라를 들고 다니며 아이들과 우리의 삶을 촬영하고 손수 편집까지 해서 영상자료를 만들어주었다. 곧 교장 승진을 앞두고 있고 정년퇴직도 얼마 남지 않은 분인데 열정이 대단하다.

나도 저 나이가 되면 저렇게 할 수 있을까 하는 생각이 들도록 많은 배움을 주신다. 그래, 관리자는 이래야 한다.

다음 QR코드로 봄행복학교의 생생한 영상을 만날 수 있다. 이 영상을 안 보고 지나치면 후회한다. 3분만 시간을 내면 아이들이 왜 이런 이야기를 했는지 직접 확인할 수 있다. 선택과 집중의 생생한 다큐멘터리, 꼭 보시라.

영상으로 만나는 봄행복학교

다음은 봄행복학교에 대해 교사들이 나눈 이야기이다.

봄행복학교 평가회에서 나눈 교사들의 이야기

1. 주제별 교육활동은 어떤 의미가 있었는가?

1) 과학캠프
- 물 로켓 대신 공기 로켓을 만들어보았다. 예전에는 한두 번 날리고 부서져서 아쉬운 면이 있었는데, 이번에는 만드는 시간이 줄고 날려보는 시간이 더 많아서 아이들이 즐겁게 참여했다.

- 1, 2학년도 만들 수 있어 학교 전체가 참여하여 더 좋았던 것 같다. 탑 쌓기는 처음 하는 만큼 어려워하지 않을까 걱정했으나 아이들이 쉽게 적응하고 끝까지 즐겁게 참여했다.

2) 인권교육
- 저학년과 고학년 각각 인권교육 1시간, 학교폭력예방교육 1시간을 배정하여 순환식 교육을 했는데, 위촉한 강사가 아이들의 눈높이에 맞춰 준비를 철저히 해왔다.
- 내용이 알차고 유익했으나 목공교실, 요리교실, 스포츠 활동에 아이들의 관심이 많이 가 있다 보니 특강 형태의 수업이 묻히는 것 같아 아쉬움이 남는다.

3) 성교육
- 강사를 위촉하려다가 직접 하는 것도 의미 있을 것 같아 보건교사가 운영했다. 성교육 동화책을 읽고 옹기종기 모여 앉아 이야기를 나누고 감정표현을 곁들여 직접 연출을 해보며 실습을 해봤다. 아이들도 흥미롭게 접근했다.

4) 장애이해교육
- 익산시장애인복지관 강사를 위촉하여 시각장애, 점자체험 등을 직접 해보며 장애에 대한 인식을 새롭게 할 수 있었다.

5) 애도교육
- 아이들은 세월호 참사로 인해 별밤캠프가 취소된 것을 많이 아쉬워했

으나, 막상 교육이 시작되니 모두 진지하게 임했다. 아이들이 만든 노란 리본과 촛불 편지는 한 장 한 장 진심 어린 마음이 담겨있었다. 한 아이가 눈물을 흘리자 모두 함께 눈물을 흘리며 진심으로 애도하는 시간을 가졌다.

6) 놀이교실
- 전통놀이를 주제로 두 시간 계획했는데, 자료 준비가 완벽하여 스스로 공부하는 분위기가 형성된 것 같다. 특히 놀이를 가르치려 하기보다 아이들 스스로 놀 수 있도록 맡긴 것이 효과적이었다.

7) 요리교실
- 학년별로 요리 주제를 정해서 운영했는데 1학년은 과일꽂이, 2학년은 까나페, 3~4학년은 소시지 야채볶음, 5학년은 라볶이와 잡채, 6학년은 떡볶이 등 메뉴가 다양했다.
- 학년별 담임교사의 소감
  1학년 : 진지한 마음이 좋았다.
  2학년 : 다른 방법을 찾아서 흥미롭고 성공적인 시간이었다.
  3학년 : 자부심을 가지고 만들었는데, 남의 떡에 더 관심 있어 했다.
  4학년 : 더 큰 혼란 속에서 과연 될까 의구심이 있었는데, 먹고자 하는 마음이 강해서 잘 되었다.
  5학년 : 아이들이 스스로 하는 분위기였다.
  6학년 : 쉬지 않고 먹는 것에 좀 부담스러웠다.
  영양교사 : 뜻 깊은 하루였다. 한 달에 한 번은 이런 시간이 있으면 좋겠다.

8) 목공교실

- 작년에 야외용 테이블을 만들었는데, 이번에는 화단 울타리와 동물농장을 직접 만들었다. 예산도 절감하기 위하여 용접 등 기술이 필요한 것만 사업자에게 맡기고 나머지는 아이들과 함께 벽돌 한 장, 모래 한 줌이라도 나르고 깔며 노작활동을 했는데 아이들도 모두 대단한 성취감을 맛보았다. 아이들이 졸업하고 나서라도 언젠가 학교를 찾았을 때 '내가 했었지'라고 행복한 마음을 가질 것 같다.

2. 전반적인 운영 상황은?

- 부서별로 진행하던 교육활동을 모아서 한 주에 진행하니 담당자만의 일이 아니라 모두의 일이 되어 훨씬 수월하게 진행할 수 있었다.
- 아이들은 일주일 동안 책가방 없이 학교에 온다는 것만으로도 너무 즐거워했다.
- 외부 강사를 위촉한 특강은 저학년과 고학년 두 개의 모둠으로 나누어 진행했는데, 이런 진행 방식이 교육효과를 높였다.
- 활동 위주의 수업과 특강 형태의 수업을 적절하게 안배하는 것이 좋을 것 같다.

3. 마치고 난 소감은?

- 모든 교육활동이 좋았다. 활동에 참여했던 우리 반 아이가 "선생님, 학교는 참 좋지요?"라고 이야기했을 때 행복했다. 유치원과 다른 학

교생활에 흥미로워했다.
- 이번 주는 출근할 때마다 '오늘은 무슨 일이 있을까?' 하고 생각하며 아이들과 함께 행복한 한 주를 살았다.
- 힘들었지만 아이들이 좋아하니 행복했다.
- 아침에 오면 아이들 눈빛이 달랐다. 아이들을 위한 한주였던 것 같다.
- 모든 게 처음이라 아이들이 다 좋아했다. 다음 주가 걱정이지만, 만족스럽고 새로운 경험이었다.
- 아이들의 눈을 오래 볼 수 있는 시간이었다. 만들고 요리하며 둘러 앉아 이야기를 나누는 중에 한 아이가 "선생님, 졸업하기 싫어요"라고 말했을 때 눈물이 날 뻔했다.
- 처음에는 즐거웠으나 시간이 지나면서 지치기도 했다. 육체적으로 하는 것과 정신적인 것의 시간 분배를 균형 있게 조정해보자.
- 아이들 노랫소리만 들어도 행복했다. 다른 학교에서는 경험할 수 없는 것들을 체험했다. 좋아하는 아이들을 보는 것만으로도 행복했다.
- 몸은 고되었지만, 좋아서 하는 일이라서 힘든 줄 몰랐다. 연중 늘어져 있는 행사 중에서 교육적으로 의미 있는 것만 골라 이렇게 집중 운영하니 교육 효과가 더 나타난 것 같다. 아이들의 평가를 보고 행복했다.
- 선생님들 수고했고 여름행복학교는 더 행복했으면 좋겠다.
- 열 사람이 힘을 하나로 모으니 못해낼 것도 없는 것 같다. 모든 선생님들 정말 수고 많았다. 선생님들이 자랑스럽다. 세월이 지나서 아이들한테 참 의미 있는 기억이 될 것이다.

공간을 활용하라

간단한 문제 하나 풀고 시작하자.

> 사회학에 '자기연출(Self Presentation)'이라는 개념을 처음 도입한 어빙 고프먼(Erving Goffman)은 우리 주변에 있는 네 곳의 특징을 찾아 다음과 같은 공통점이 있다고 했다. 어빙 고프먼이 주목한 네 곳은 어디인가? (,   ,   ,   )
>
> ① 담이 높으며, 한 번 들어가면 예정된 기간이 끝나야 나올 수 있다.
> ② 철저한 시간표가 있고 언어가 아닌 신호(벨, 타종)에 따라 움직인다.
> ③ 유니폼이 있다.
> ④ 감시자와 피감시자의 공간이 분리되어 있다.
> ⑤ 피감시자들은 모두 번호를 가진다.

무엇이라고 썼는가? 몇 개나 썼는가? 그냥 넘어가려 하지 말고 얼른 생각해보라. 아이들은 이런 시험을 맨날 보고 있으니 그 아이들 심정을 조금이라도 이해해보려는 뜻으로 말이다. 정답을 확인해보자. 정답은 아래에 있다.[6]

어빙 고프먼의 이야기를 문제로 만들어보았는데, 이 문제를 푼 느낌이 어떤가? 공감하는가? 아니면 억지스러운가? 그런데 좀 억지스럽지만, 학교와 교도소는 같은 맥락으로 비교하는 경우가 있다.

학생이라는 죄로
학교라는 교도소에서
교실이라는 감옥에 갇혀
출석부라는 죄수명단에 올라
교복이란 죄수복을 입고
공부란 벌을 받고
졸업이란 석방을 기다린다.

언젠가 아들이 이 말을 흥얼거린 적이 있다. 한 번쯤 들어본 말이지 않은가? 출처가 궁금해서 찾아보니 한 상담사가 상담한 아이의 휴대전화에 이런 글이 있었다는 사연이 어느 블로그에 올라 있는데, 명확하지는 않은 것 같다. 나도 학창시절에 이 말을 들었던 기억이 있는데,

5장 교육과정은 어떻게 삶이 되는가?

그 시절이면 휴대전화는 고사하고 삐삐도 없던 시절이었으니 말이다. 하여튼 출처는 명확하지 않아도 30년이나 지난 요즘에도 아이들이 이 말을 흥얼거리는 걸 보면 그때나 지금이나 학교는 달라진 게 별로 없나 보다.

사실 어빙 고프먼이 더 언급을 안 했을 뿐이지 '일자로 쭉 뻗은 복도가 있다', '춥다', '단체로 식사를 한다' 등 공통점을 찾으려면 얼마든지 찾을 수 있다. 생각해보니 H.O.T.의 후발 주자로 나온 젝스키스는 '학원별곡'이라는 노래에서 학교를 '창살 없는 감옥'이라 노래한 적도 있다. '창살 없는 감옥'을 간신히 빠져나와 신분이 바뀌어 다시 여기를 매일 드나들어야 하는 내 입장에서는 썩 유쾌한 비유는 아니다. 그러나 어쩌겠는가? 아직도 아이들은 학교를 이렇게 느끼고 있으니 이제 어른이 된 입장에서 학교를 학교답게 만드는 일에 작은 힘이라도 보태야 하지 않겠는가?

마침 좋은 책이 눈에 들어왔다. 김경인이 쓴 『공간이 아이를 바꾼다』는 이런 고민을 좀 더 구체적으로 할 수 있게 많은 질문거리를 던져주었다. 이 책을 우리 학교 교사들과 함께 읽고 토론해보았다. 그렇게 해서 교육과정에 '공간'을 들이기로 했다. 교육과정에 공간을 어떻게 들이냐고? 그리 어렵지 않다. 당장 학교를 새로 지을 수는 없지만, 조금만 관점을 달리하면 얼마든지 개선점을 찾을 수 있다. 여러 가지 아이디어가 나왔다. 이제 첫걸음을 뗀 것이지만, 이런 시도만으로도 가슴 벅차다. 그런 시도의 일부만이라도 소개하려 한다.

우리가 맨 먼저 주목한 곳은 복도다. 학교의 복도를 보라. 일자로 쭉

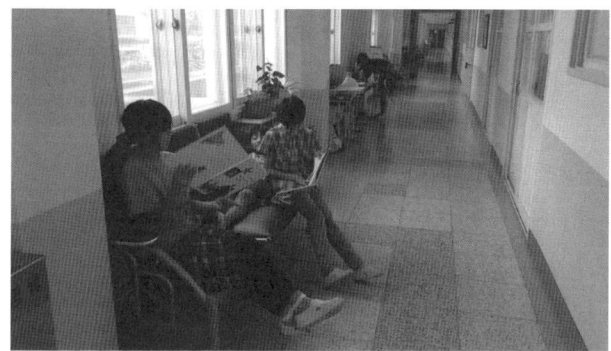

복도 쉼터 만들기

뻗은 복도는 그저 통행로일 뿐이다. 그런데 아이들은 이곳에서 마냥 뛴다. 몇 년 전 양쪽에서 뛰어오던 두 아이가 복도 모퉁이에서 서로 부딪혀 이가 부러지는 일도 있었다. 이런 일을 예로 들며 아이들에게 뛰지 말라고 일장 훈계를 하지만, 아이들의 뜀박질은 그치지 않는다.

아이들은 왜 복도에서 뛰는 것일까? 내가 찾은 이유는 이렇다. 생각해보라. 일자로 뻗은 복도가 아이들이 뛰어다니기에 얼마나 좋은가? 거기다 난방이 되지 않는 복도는 매우 춥다. 그러니 빨리 뛰어서 지나야 한다. 그래서 복도에 소파를 들이고 도서실에 있는 책을 가져다 놓았다. 과학실에서 잠자던 현미경도 갖다 놓았다. 여전히 춥지만, 그래도 쉬는 시간이면 아이들이 밀려든다.

다음으로 살펴본 곳은 현관 앞이다. 어느 학교든 현관 앞에는 작은 공간이 있다. 공간이 넉넉하고 재정적인 여유가 있는 학교는 여기에 분수대도 들여 수생식물도 키우며 제법 조경을 갖추어놓지만, 이런 학교는 몇 안 된다. 더구나 멋스럽기는 해도 활용도 면에서는 아주 떨어진다. 대부분의 학교는 현관 앞에 꽃 상자를 놓아 화초를 가꾼다. 학교로 들어가는 진입로다 보니 그래도 신경을 써서 가꾸는 편이다. 우리 학교 현관 앞에도 60평 남짓 되는 공간이 있다. 꽃 상자가 줄지어 자리를 차지하고 있고 날마다 물을 주다 보니 꽃 상자 아래 보도블록 위에는 늘 이끼가 끼어있다. 이 공간을 아이들에게 돌려주기로 했다.

우선 꽃 상자를 현관 뒤로 치웠다. 넓어진 이 공간을 그냥 두어도 좋겠지만, 그래도 제법 쓸모 있게 활용하려면 무언가 필요했다. 그래서 궁리한 것이 목공교실이었다. 마침 교육과정을 계획하며 목공교실을 열 계획이 있었는데, 반제품을 조립해서 책꽂이 만드는 교육은 그만하고 우리가 직접 이 공간에 야외용 테이블을 만들기로 했다. 책 대신 망치, 톱, 사포, 페이트 붓을 들고 3일간 목공교실을 열었다. 하나하나 완성되더니 드디어 학년별로 하나씩 근사한 테이블이 만들어졌다. 파라솔까지 꽂으니 여느 캠프장 부럽지 않은 공간이 만들어졌다. 이름도 학교구성원에게 공모하여 '웃음꽃자리'라 지었다. 이런 게 진짜 공모

'웃음꽃자리' 광장과 풀장

아이들과 함께 만든 동물농장

다. 이 공간은 이제 야외교실과 쉼터, 문화광장으로 자리 잡았다. 이끼만 무성하던 곳이었는데 어떤가? 웃음꽃자리에 삶이 묻어나는가?

아이들이 '동물 키우는 학교'를 다니고 싶다 하니 동물농장도 하나 만들기로 했다. 어느 정도 예산을 들여, 어떤 교과와 연관 지어, 언제 만들어, 어떤 동물을 키울지는 대충 윤곽이 나왔는데 어디다 만들어야 할지가 쉽게 결정이 나지 않았다. 여러 차례 회의 끝에 가장 후미진 곳을 택했다. 강당 앞에 둔덕이 있었는데, 아이들이 잘 가지 않던 곳이다. 이 공간에 동물농장을 들이면 오히려 활용도가 높을 것 같다는 기대 때문이었다.

빠듯한 예산으로 동물농장을 만들자니 철재 용접 등의 시공만 업자한테 맡기고 나머지는 교과를 재구성하여 아이들과 직접 시공하기로 했다. 전교생이 달라붙어 벽돌과 모래도 나르고 삽질도 해가며 쉼 없이 작업했더니 봄행복학교 기간에 드디어 동물농장이 문을 열었다. 마찬가지로 아이들에게 이름을 공모했더니 한 아이가 "토끼와 닭을 키우니 첫 글자를 따서 '토닥'이라 하고 동물들을 토닥토닥 다독이며 사랑으로 키우자는 뜻으로 '토닥토닥 동물농장'으로 하면 좋겠다"는 의견을 냈다. 뜻도 좋고 부르기도 좋아 만장일치로 결정되었다. 풀만 무성하고 모기만 득실대던 이 공간에서 이제 아이들은 동물을 토닥이며 심성을 키운다.

공간을 교육과정에 활용해 보자는 취지로 복도와 현관, 잡풀 무성한 곳을 예로 들었는데 그 밖에도 우리가 관심만 가지면 할 수 있는 것이 많다. 아직도 가난한 학교이지만, 이런 작은 노력을 시도하다 보면 언젠가 학교도 부자 될 날이 오지 않을까? 그런 날이 오기를 기다리며 공간을 교육과정에 들여오자. 같이 찾아볼까? 두리번두리번~

성취기준과 연결하라

 "오랜만에 자전거를 타고 학교에 출근했습니다. 한 달 전부터인가 출장도 제법 있어서 출근길에 걷는 게 어려운 상황이었고, 요즘은 또 걷기에는 날씨가 너무 덥거든요. 아침에 교문에서 아이들 마중하려면 서둘러야 해서 자전거로 한달음에 달렸습니다. 시원한 바람이 참 좋았습니다. 8시 이전에 도착해서 8시 4분에 첫 통학차량을 타고 등교하는 아이들을 오늘도 교문에서 하이파이브로 마중했어요. 오늘은 스쿨팜에서 아이들과 감자도 캤어요. 집으로 돌아오는 길에 철도 아닌데 활짝 핀 코스모스와 개망초 그리고 이름 모를 들꽃들도 만났지요. 역시 다리 밑은 시원하더군요. 다리 밑에서 잠시 쉬면서 한가로움 속에서 참맛을 느껴봅니다……."

 독서모임과 지역교사공동체모임을 함께하고 있는 이봉남 선생님이 함께 가입해 있는 밴드에 올린 글이다. 이 선생님에게는 배울 점이 참 많다. 아침 일찍 출근하여 교문 앞에서 아이를 맞는 것만 봐도 그렇다. "교문에서 아이들을 하이파이브하며 맞이하다 보면 아이들은 손바닥이 얼얼할 정도로 두드려대는데 그 얼얼한 감동으로 하루를 또 살게 돼요." 이런 이야기를 듣고 나면 따라 하고 싶지 않은가? 여건상 자전거 출퇴근은 어렵지만, 며칠 아침 일찍 출근하여 교문에서 아이들을 하이파이브로 맞은 적이 있다. 자주 하지는 못하지만, 아침에 여유가 있는 날이면 교문에서 아이를 맞는 이 느낌은 확실히 가슴까지 얼얼하게 해준다.

자동차로 출퇴근하는 나는 코스모스과 개망초, 이름 모를 들꽃을 스쳐 지난다. 휙 지나며 이를 자세히 볼 틈이 없다. 교육과정도 이와 같지 않을까 하는 생각이 든다. 천천히 자세히 들여다봐야 하는데, 눈여겨볼 틈이 교사들에게 쉽게 나지 않는다. 행정 업무에 바쁘기도 하지만, 사설업체에서 만든 프로그램에 쉽게 유혹당하는 것도 큰 이유다. 돈은 조금 들어가지만 이러면 참 쉽다. 그러니 교사들이 이런 유혹에 쉽게 끌린다. 아니 이렇게라도 해야 그 바쁜 3월을 버텨낸다. 이러다 보니 정작 그 안에 무엇이 들어있는지 살피지도 못한 채 뚝딱 교육과정이 만들어진다.

교육과정은 아이들과 함께 걸어야 할 길이다. 이 길을 아이들과 함께 걸으려면 먼저 교사가 길을 걸으며 살펴야 한다. 그래야 길동무를 하며 걷다가 아이들이 물어오는 풀 이름을 가르쳐줄 수 있다. 그렇지 않으면 '그냥 풀'이라고 대답할 수밖에 없다. 방법은 하나다. 들꽃을 만나려면 자동차에서 내려야 한다. 내려서 살펴야 한다. 즉, 사설업체 프로그램에서 벗어나 교사가 직접 교육과정을 살펴야 한다. 이것 말고는 답이 없다. 이렇게 살피며 아이들에게 들려줄 이야기를 구상해야 한다.

그런데 가르칠 내용은 많고 아이들도 교사도 할 일이 많다. 늘어놓고 가르치니 배울 때는 이해하는 것 같아도 돌아서면 잊어버리는 경우가 많다. 심지어 교사도 가르치고는 잊는다. 어쩌다 그러는 게 아니라 자주 있는 일이다. 그러니 배움이 늘 공허하다. 이 공허함을 채워줄 수는 없을까? 있다. 바로 성취기준을 꼼꼼히 챙겨 이를 중심으로 교육과정을 만들면 된다.

교육부에서는 교육과정의 총론을 만들고 나면 각론으로 들어가 학년별 교과에서 다루어야 할 성취기준을 제시한다. 여기에 성취수준과 예시평가문항을 곁들인 간행물까지 만들어 각 학교에 배포한다. 교육과정을 만들면서 교과서와 지도서를 일일이 살피는 것도 중요하지만, 먼저 이 성취기준을 검토하는 것이 훨씬 도움된다. 그런데 성취기준과 성취수준이 뭐냐고? 그래, 이를 알아야 이를 중심으로 교육과정을 엮어 갈 수 있으니 간략하게나마 설명을 하고 넘어가자.

성취기준이란 "교수·학습 및 평가의 실질적인 근거로써, 각 교과목에서 학생들이 학습을 통해 성취해야 할 지식, 기능, 태도의 능력과 특성을 기술한 것"을 말한다. 성취수준이란 "학생들이 성취기준에 도달한 정도를 몇 개의 수준으로 구분하고 각 성취수준에 속한 학생들이 무엇을 알고 할 수 있는지를 기술한 것"이다. 이를 토대로 학습의 정도를

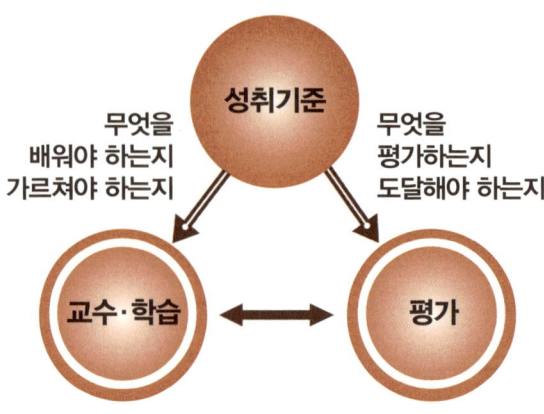

성취기준과 성취수준의 의미

확인하는 평가가 이루어진다. 이를 간단하게 나타내면 그림과 같다.

잘 이해가 되지 않는가? 그러면 오른쪽 표를 주목해보자. 올해 내가 맡고 있는 과목 가운데 하나로 초등학교 6학년 실과의 4단원 '동물과 함께하는 생활'을 예로 든 것이다. 각 학년별, 교과별로 이렇게 상세한 성취기준과 성취수준이 안내되고 있으니 이를 활용하여 적절한 교육계획을 수립하면 된다.

여기에 날개를 달아주는 것이 바로 앞에서 언급한 '내가 다니고 싶은 학교'이다. 성취기준을 곰곰이 살피다 보면 학교구성원의 이런 바람은 각 교과의 성취기준과 어디든 맞닿아 있다. 이를 중심으로 교육과정을 재구성해가면, 내가 다니고 싶은 학교가 비로소 교육과정에 들어가게 되는 것이다.

'다니고 싶은 학교를 상상하라'는 부분에서 '내가 다니고 싶은 학교는?'이라는 질문에 '동물 키우는 학교'라고 답한 아이가 많았다고 했

:: 성취기준과 성취수준 ::

교육과정 내용	성취기준	성취수준	
(가) 인간 생활 속에서 동·식물이 가축과 작물로 이용되는 중요성과 가치를 이해하고, 생활에 이용할 수 있는 동·식물의 종류와 이용 방법을 설명할 수 있다.	실6221-1 인간 생활 속에서 동·식물이 가축과 작물로 이용되는 중요성과 가치를 설명할 수 있다.	상	인간 생활 속에서 동·식물이 가축과 작물로 이용되는 중요성과 가치를 설명할 수 있다.
		중	인간 생활 속에서 동·식물이 가축과 작물로 이용되는 중요성을 설명할 수 있다.
		하	인간 생활 속에서 동·식물이 가축과 작물로 이용됨을 이해한다.

다. 이 아이들의 바람을 실현하기 위하여 실과의 성취기준을 찾아내면 된다. 이를 토대로 동물농장을 만들고, 이를 도덕과의 '생명을 존중하는 우리' 단원과 연결 짓고, 국어과의 글쓰기와 얼마든지 연관 지을 수가 있다.

모든 교과의 성취기준을 분석해보면 얼마든지 이런 바람과 연결할 수 있다. 어려운가? 나는 성의와 자존심의 문제라고 생각한다. 사실 이 성취기준을 분석하는 데 그리 오랜 시간이 걸리는 것도 아니다. 곰곰이 따져보며 구상해도 두 시간 정도면 가능하다. 그러니 성의의 문제라고 한 것이다. 자존심의 문제라고도 한 이유도 있다. 교사는 교육과정의 전문가이고 살아 있는 교육과정의 실체이다. 그런데 교육과정 전문가의 자존심은 어디로 가고 언제까지 사설업체의 프로그램만 돌리며 위안으로 삼을 것인가? 진정한 위안은 예비교사 시절부터 우리가 꿈꾸던 살아 있는 교육과정 전문가로 거듭나는 데 있다. 그 꿈을 다시 꿀 것인가, 말 것인가?

시간을 주라

"어른들은 9시에 출근하면서 왜 우리는 일찍 학교에 가야 하죠?"

'등교 시간 늦추기'의 발단이 된 모 고등학생의 말이다. 자녀나 학생이 이렇게 묻는다면, 어떤 대답을 해줄 건가? 일찍 일어나는 새가 벌레를 많이 잡는다는 외국 속담에 빗대어 달래줄 건가? 아니면 "나 때도 그랬으니 그게 당연한 거다"라고 얼버무릴 건가?

그러게 말이다. 어른들은 9시에 출근하면서 왜 학생들을 먼저 학교에 오라고 하는 걸까? 만약 연수를 받는 교사들에게 30분 일찍 와서 연수교재 미리 읽어보며 연수 준비하라고 하면 교사들은 어떤 반응을 보일까? 말도 안 되는 소리라고 난리법석일 게다.

그런데 아이들의 이런 당연한 요구가 사회적 논란거리가 되는 게 우리 교육의 현실이다. 심지어 대통령까지 나서서 조속한 대책을 마련하라는 지시가 있었다. 무슨 난리가 났다고 서둘러 대책을 내놓으라는 것인지, 이것이 국무회의에서 다루어야 할 사안인지, 그 대책의 의중이 무엇인지 짐작하기란 그리 어렵지 않다. 아침밥 좀 먹고, 잠 좀 더 자고 법으로 정해진 등교 시간에 맞춰 학교에 오겠다는 게 그렇게 받아들이기 힘든 요구인가? 앞에서 방과후학교의 문제점을 언급하며 아이의 삶을 조명해 보았는데, 아이의 삶을 보며 어떤 생각이 들던가? 쉴 틈이 있던가? 놀 틈이 있던가? 생각할 틈이 있던가? 꿈꿀 틈이 있던가? 상상력은 심심할 때 나온다는데, 이 아이에게 심심할 틈이 과연 있던가?

  틈이 없기는 교사도 마찬가지다. '바쁘다'는 말을 입에 달고 산다. 오죽하면 출근하고 싶은 학교를 물었을 때 '함께 차 마시며 이야기 나누는 학교'라고 적은 교사가 있었겠는가? 심지어 아이들과 눈 마주치고 차분하게 이야기 나눌 틈도 없다. 아이도 교사도 이렇게 쫓기듯이 하루를 살고 있는데, 대체 무엇을 위해 이렇게 사는 것일까? 행복지수가 높은 북유럽 국가의 부모들은 자녀에게 시간을 선물한다는데, 우리나라 부모들은 자녀에게 무엇을 선물하고 있는가? 북유럽 여행이 쉬운 일은 아니니 맛이라도 보려면 『스칸디 부모는 자녀에게 시간을 선물한다』를 읽어보라. 이 책을 읽고 나서 최신형 스마트폰을 사주며 부모 노릇 하고 했다고 생각한 나 자신을 통렬하게 돌아보게 되었다. 교사도 학생도 이렇게 틈이 없는데 '틈새신체활동 7560＋'[7]은 언제 한단

---

7   '틈새신체활동 7560＋운동'은 "일주일(7)에 5일 이상, 하루에 60분 이상 누적(＋)해서 운동을 하자"는 뜻을 담고 있다.

말인가? 이 또한 서류로 실적만 만들고 있지 않은가?

　틈이 없으면, 틈을 벌려야 한다. 꼼꼼하게 살펴서 그런 틈이 어디에서 날 수 있는지 찾아야 한다. 그리고 일말의 가능성이라도 있으면, 과감하게 그 틈을 벌리도록 힘을 써야 한다. 이런 취지로 두 시간 수업을 하나로 묶어서 10분씩이던 쉬는 시간을 30분으로 늘렸다. 많이 알려진 블록타임제 시간 운영이다. 이는 사실 조삼모사(朝三暮四)일 수 있다. 그러나 10분씩 3회 주어지는 쉬는 시간을 한꺼번에 30분으로 모으면 10분일 때는 할 수 없던 것을 할 수 있게 된다. 쉬는 시간 10분으로는 운동장에 나가지 못하던 아이들이 2교시가 끝나면 운동장으로 모두 달려나간다. 이렇게 수업 시간을 조정하여 ①'중간놀이시간'만 마련해도 아이들의 환호성이 들린다. 이렇게 블록타임을 운영하면, 수업도 중간에 흐름이 끊기지 않고 훨씬 깊이 있게 진행된다. 아이들이 어떻게 80분을 앉아서 수업을 받느냐고 걱정하는데, 이는 얼마든지 교사가 융통성을 발휘하여 다른 반 수업에 방해되지 않는 선에서 조절할 수 있다.

　다음으로 찾아본 틈이 ②'방과후하교날'이다. 사실 이를 시행하기까지는 우여곡절이 많았다. '내가 다니고 싶은 학교는?'이라는 질문에 '방과후학교 없는 학교'를 적어낸 아이가 많았지만, 이를 실현하기란 현재 학교 상황에서는 불가능에 가깝다. 궁여지책으로 찾은 것이 일주일에 한 번만이라도 이런 날을 시행해보자는 것이었다. 그런데 학부모들의 반대가 있었다. 맞벌이 가정의 자녀가 문제였던 것이다. 지역아동센터와 연계하여 이런 아이들의 돌봄대책을 마련하고 학부모를 만나 여러 차례 설득을 해야 했다.

이런 과정을 거쳐 매주 금요일 오후에 '방과후하교날'을 마련했다. 아이들은 어땠을까? 3월 첫 주 금요일이 되자 "만세"를 부르며 학교에서 뛰어 나갔다. 교사들은 어땠을까? 아이들이 썰물처럼 빠져나간 학교에서 정말 오랜만에 여유를 찾을 수 있었다. 현재 이 시간은 자율

:: 주간 시간 운영 계획 ::

시간	요일		월	화	수	목	금
1·2교시	09:00~10:20	80분	교수·학습 활동(블록타임)				
휴식	10:20~10:50	30분	①중간놀이시간				
3·4교시	10:50~12:10	80분	교수·학습 활동(블록타임)				
청소급식	12:10~13:20	70분	청소 및 급식 지도				
5교시	13:20~14:00	40분	교수·학습 활동(3~6학년) 방과후학교 활동(1~2학년)			교수·학습 활동(1~6학년)	교수·학습활동(3~6학년)
휴식	14:00~14:10	10분	휴식시간				
6교시	14:10~14:50	40분	교수·학습 활동(5,6학년) 방과후 활동(1~4학년)	교수·학습 활동(5,6학년) 방과후 활동(1~2학년)	방과후 활동(1~4학년)	교수·학습 활동(5,6학년) 방과후 활동(1~4학년)	교수·학습활동(5,6학년) 방과후 활동
휴식	14:50~15:00	10분	휴식시간				
7교시	15:00~15:40	40분	방과후학교 활동, 학습부진아 지도 교재 연구, 업무 추진				②방과후하교날
휴식	15:40~15:50	10분	휴식시간				
8교시	15:00~16:30	40분	방과후학교 활동, 학습부진아 지도 교재 연구, 업무 추진				

연수 시간으로 활용하고 있다. 이야기할 시간이 없던 교사들에게도 드디어 시간이 생긴 것이다.

없는 틈을 내려 하니 너무 무거운 이야기만 했다. 잠시 화제를 바꾸어 보자. 요즘 학예회를 밤에 하는 초등학교가 제법 많다. 심지어 운동회도 이렇게 하는 학교가 있다. 이에 대해 어떻게 생각하는가? 학부모의 참여를 높일 수 있으니 마냥 좋은 줄만 알았다. 저녁에 하면 많은 학부모가 참여하고, 이왕 아이들과 함께 준비한 것을 많은 사람 앞에서 뽐낼 수 있으니 반대하는 교사들을 설득해가며 이렇게 추진한 적도 많았다.

그런데 몇 해를 이렇게 운영해보니 내 생각이 조금씩 변하고 있다. 저녁밥도 걱정이거니와 부모가 참여하지 못하는 아이의 귀가도 문제였다. 무엇보다 이른 아침부터 늦은 저녁까지 학교에서 종일 보내야 하는 아이들의 피로도가 높았다. 이런 모습을 보니 나의 욕심과는 다르게 다른 의문이 들기 시작했다. 학교는 정상적인 교육과정을 운영하고 부모가 여기에 맞추어 학교행사에 참여하고, 직장에서는 이런 참여를 적극 보장해주는 것이 마땅하지 않은가? 1만 원보다 1시간이 더 소중하다. 우리 어른들은 언제쯤 이런 가치를 공유하게 될까?

학교회계를 읽어라

"선생님 의자는 왜 푹신해요?"

2학년 담임을 맡고 있을 때 한 아이가 내게 물었다. 교사들의 책걸상도 그리 좋은 편은 아니지만 그래도 이 아이의 눈에는 푹신하고, 바퀴도 달렸고, 뱅글뱅글 돌아가기도 하는 내 의자가 좋아 보였던 게 분명하다. 당돌한 아이인가? 아니다. 나는 말 잘 듣는 아이도 예쁘지만, 이렇게 할 말 할 줄 아는 아이가 더 예쁘다. 그렇다고 편애하는 것은 아니니 나무라진 마라. 나는 궁극적으로 학교는 이런 아이를 키워내야 한다고 믿는다. 이 아이가 이렇게 묻지 않았다면, 나는 여태 이런 현실에 대해 무감각하게 생각조차 안 하고 살았을 게 분명하다. 그러니 나의 무지를 깨우쳐준 그 아이가 고맙다.

아이들 책걸상을 바라본다. 30년 전 내가 앉았던 것과 비교해보니

학생용 책걸상

별반 차이가 없다. 가운데 금을 그어놓고 못 넘어오게 했던 2인용 나무 책상과 어찌나 무거운지 들고 벌이라도 서게 되면 금방 땀이 뻘뻘 났던 '삐걱삐걱' 나무의자가 재질만 조금 바뀌었을 뿐 그대로이다. 앉아보니 30년 전이나 지금이나 여전히 딱딱하다. 휑한 복도를 봐도 어디 하나 아이들이 편히 앉아 쉴 곳이 없다. 학교가 가난한 것이 가장 큰 이유겠지만, 이런 현실을 깨닫지 못하는 어른들의 인식이 더 큰 문제라고 생각한다. 여기에 앉아 하루 종일 일 하라고 하면, 어른들은 어떤 반응을 보일까?

이 책걸상의 가격은 얼마나 될까? '학교장터'[8] 쇼핑몰에 들어가 납품가를 확인해보았다. '학생용책걸상' 카테고리에 들어가니 하나같이 디자인이 비슷하다. 높낮이가 조절되는 위 사진 속 책걸상은 책상은 5

8　학교 물품을 구입할 경우 학교회계 운영의 투명성을 확보하고 납품 절차를 간소화하기 위하여 '학교장터'(http://www.s2b.kr)라는 이름의 쇼핑몰을 운영하고 있다. 여기에서 물품을 구입할 경우 회계의 투명성을 이유로 회계감사에서 제외하는 등으로 적극적인 사용을 유도하고 있다.

만 원, 의자는 3만 원 정도 한다. 일반 쇼핑몰도 접속해보았다. 여기에 똑같이 '학생용책걸상'을 검색해보면 디자인부터가 다르다. 학교장터가 철물점 분위기라면 일반 쇼핑몰은 가구점 분위기가 느껴진다. 이 차이가 현재의 학교 수준을 단적으로 보여준다. 학교는 왜 꼭 이런 책걸상을 써야 할까? 일반 쇼핑몰에 있는 가구 느낌이 나는 책걸상을 쓰면 안 될까? 2배 정도의 예산만 투자해도 바꿔줄 수 있는데 말이다.

이번에는 아이들이 이런 책걸상에 앉아 수업을 받는 교실 속으로 들어가 보자. 플라스틱 틀에 인조가죽을 붙여 만든 것을 '소고'라 부르며 두드리는 음악수업, 아이들에게 냄비랑 도마랑 가져오게 하고 그마저도 교실에서 화기를 다루려니 이런저런 눈치 봐가며 해야 하는 실과(기술·가정)수업, 축구공 하나 꺼내기 위해 체육관 문 열고 공 찾느라 뒤적거리다 시간 다 가는 체육수업, 교실에 먹물을 다룰 개수대가 없는 미술수업 등등 온통 부실투성이 수업이다. 언제까지 이런 수업을 하게 할 건가? 나무틀에 가죽을 붙여 만든 것이 소고다. 플라스틱 틀에 인조가죽을 붙여 만든 것은 악기가 아니라 장난감이다. 장난감이 아닌 악기를 들고 수업을 하도록 하는 것이 최우선이어야 한다는 말이다.

학교회계제도가 도입되어 세입세출 계획을 세우고 이에 따라 예산을 집행하는 독자적인 회계구조를 갖추었음에도 학교에서 이를 제대로 시행하기란 여간 어려운 것이 아니다. 앞에서 학교회계의 속사정을 '마른 수건에서 물 짜내기'라고 했는데, 그래서인지 이에 대해 교사들의 관심도 그리 높지 않다.

지금까지 예산편성을 해왔던 모습도 돌아본다. 예산요구서는 혼자

짰고, 이렇게 짠 예산서는 실제 교수·학습과 관련이 있기보다 연중 나열된 행사 위주로 어지럽게 널려있다. 내가 맡은 업무 이외의 예산에는 별로 관심도 없다. 이렇게 예산이 편성되다 보니 교육과정과 예산을 결부시킬 수 있었겠나? 학교회계를 읽어야 교육과정이 바로 선다. 어렵더라도 학교회계를 읽어야 하는 이유이다. 그러면 이 복잡한 예산서를 어떻게 읽어야 교육과정과 조화를 이룰 수 있을까?

첫째, 학년별 또는 교과별 예산을 편성해야 한다. 이를 위해서는 교육과정에 그랬던 것처럼 예산서도 리셋이 필요하다. 업무 담당자별 행사 위주의 편성에서 학년별 또는 교과별로 편성할 수 있도록 해야 한다. 그래야만 교사가 더 큰 책임감을 갖고 예산 편성 및 집행에 관심을 갖는다. 우리 반 또는 교과 수업을 위해 쓸 수 있는 예산이 있다고 생각해보라. 이를 가지고 아이들을 위해 무엇을 할 것인지 교사들이 얼마나 궁리를 하겠는가? 학급운영비도 대폭 늘리고, 이를 개산급[9]으로 지급하여 집행의 편의성을 도모하고, 교과별 또는 학년별로 예산을 편성하고 이를 책임지고 집행할 수 있도록 하는 것이 교육과정을 중심으로 예산을 세우는 첫걸음이다.

둘째, 교육과정 구현을 위한 예산요구서를 작성해야 한다. 현재 학교예산서의 대부분이 교원의 업무분장에 따라 사업별 담당자 위주로

9 　학급운영비의 경우 담임교사가 긴급히 판단하여 집행해야 하는 경우가 많다. 그러나 이를 건건이 품의하려면 절차도 복잡하고 적시에 집행하기 어려운 측면이 있다. 이런 어려움을 해소하기 위하여 '대강의 금액'을 담임교사에게 미리 지급하고 담임교사는 이렇게 지급받은 예산을 학급운영을 위하여 사용하고 학기 말 또는 학년 말에 이를 정산함으로써 예산 집행의 적시성과 효율성을 높일 수 있다.

편성되어 있다. 그러다 보니 행사 위주의 예산 편성이 주를 이루게 된다. 이런 관행에 대한 반성이 필요하다. 교육과정을 면밀히 분석하여 교구와 학습준비물 구축을 최우선으로 해야 한다. 또한, 학습준비물 지원실을 별도로 마련하고 이를 관리하고 지원할 인력도 충원해야 한다. 초등의 경우에는 동학년연구실, 중등의 경우에는 교과연구실을 제대로 갖추어야 한다. 꿈같은 이야기인가? 아니다. 가치를 어디에 두느냐의 문제다. 한꺼번에 다 갖출 수는 없더라도 중장기 계획을 세워 점진적으로 확충해가야 한다.

셋째, 학교회계 절차를 이해하고 이를 지켜야 한다. 학교회계 예산 편성·심의·확정 절차는 다음 쪽에 나오는 표와 같다. 이런 절차가 학교에서 잘 지켜지고 있는가? 그렇다면 다행이지만, 여전히 많은 학교에서는 그저 형식적인 절차만 서류로 갖출 뿐 교육과정과는 별개로 예산서가 만들어진다. 예산요구서 또한 구성원이 충분히 논의하여 만들기보다는 업무 담당자 개인이 제출하는 경우가 많다. 이렇게 제출된 예산요구서가 조정회의를 통해 다듬어지면 다행이지만, 이마저도 특정인이 조정하고 나머지는 사후에 사인만 하는 경우가 더 많다. 매뉴얼대로만 하면 된다.

넷째, 학교예산의 전체적인 판을 읽어야 한다. 현재 근무하는 학교의 예산 총액이 얼마인지, 어디에 얼마씩 쓰이고 있는지 아는가? 세입·세출예산서를 보면 되지만 여기에 덧붙여 '재정 운영 상황'을 참고하면 훨씬 이해가 빠르다. 각 학교는 예산 집행 현황을 분기별로 학교 홈페이지에 공개한다. 이 자료를 보면 어느 용도로, 어느 시기에,

:: 학교회계 예산편성 · 심의 · 확정 절차 ::

구분	단계	내용
예산 편성	학교회계 예산편성 기본지침 시달	• 회계연도 개시 3개월(11월 말) 전까지 단위 학교에 시달 • 관할청의 교육재정여건 및 운용방향 제시 • 교육시책 및 권장사업 포함 • 예산과목 및 과목내용 등 학교예산운영에 관하여 필요한 제반 내용 포함
	학교교육과정 수립	• 관할청의 예산편성기본지침을 참고로 다음연도 교육계획서 작성(12월 초)
	학교재정규모 추정	• 예산편성기본지침과 학교여건 감안하여 학교별 총 재정규모추정(12월)
	예산편성회의	• 예산편성기본지침 및 신년도 교육계획, 학교재정규모 등을 정리하여 예산편성 관련 회의 또는 교육 실시(12월)
	교직원 예산요구서 제출	• 예산편성지침 시달 후 학교예산편성 방향 및 계획에 따라 제출
	전입금교부계획 통보	• 관할청으로부터 학교회계로 전출된 금액의 총 규모 및 분기별 자금배정계획을 회계연도개시 50일 전까지 통보(1월 10일) • 목적사업의 경우 대상학교가 지정되는 대로 확정, 통보
	예산조정 및 예산안 확정	• 단위 학교의 총 세입규모별 확정 • 부별 또는 전체 조정회의를 거쳐 예산안 확정(1월 중순)
	예산안 제출	• 회계연도 개시 30일 전까지 학교운영위원회에 제출(1월 29일)
예산 심의 및 확정	예산안 통지	• 학교운영위원들에게 회의 개최 7일 전까지 예산안 통지(최종 2월 15일)
	예산심사소위원회 구성	• 예산심의의 효율성을 높이기 위하여 학교운영위원회의 의결에 의해 자율적으로 구성(필요시)
	학교장 제안설명(의견청취)	• 학교의 교육시책방향 및 재정여건, 예산편성방향 및 내용에 대한 학교장 제안 설명 • 예산과 관련된 교직원 의견 청취
	예산심의 결과 송부	• 회계연도 개시 5일 전까지 심의 종료(2월 23일) • 학교장에게 예산 심의 결과 송부
	예산확정	• 학교장이 학교세입세출예산 확정

예산 심의 및 확정	예산공개	• 가정통신문, 학부모총회, 학교 홈페이지 탑재 등을 통하여 예결산서 공개
	결과보고	• 학교에서 확정된 예산안 교육청에 보고(3월 20일까지) • 추가경정예산은 확정 후 10일 이내

얼마나 쓰이고, 얼마나 남았는지 한눈에 확인할 수 있다. 나는 현재 6학급 규모의 작은 초등학교에 근무하는데 3/4분기 자료를 조회해보니 세입예산은 3억 원 정도이고, 이 가운데 경상목적사업비가 2억 2천만 원 정도이고, 교육학습비로 8천만 원 정도를 쓰고 있다. 목적사업비는 방과후학교에 1,700만 원, 돌봄교실 운영에 5,500만 원 정도이니 합해서 7,200만 원 정도 쓰인다. 대충 이런 식으로라도 학교예산의 전체적인 흐름을 이해하고 있어야 한다.

지금까지 학교회계에 관심을 가질 것을 당부하기는 했지만, 솔직히 교사 입장에서는 돈 쓰는 일은 어렵고 피하고 싶은 일이다. 돈 한 푼 쓰려면 따라붙는 행정 절차가 복잡하고, 관련 서류를 갖추는 일도 만만치 않기 때문이다. 그래도 관심을 가져야 한다. 그래야 공들여 만든 교육과정이 날개를 달게 된다. 이런 관심도 혼자 가지려면 외롭고 쓸쓸하고 효과도 더디다. 무엇보다 학교구성원의 합의가 기본이다. 그러나 어떻게 합의를 이루는지 이마저도 쉽지 않다. 그래도 머리를 맞대고 이야기를 나누다 보면 이 분야도 숨통이 트인다. 2학기를 맞아 추경예산을 편성할 무렵에 쓴 교단일기 한 토막으로 그런 속내를 내비쳐 본다.

【2014년 8월 27일】

눈먼 돈, 쌈짓돈을 종잣돈으로

2학기를 맞아 추경예산을 편성했다. 예전에는 교사 각자가 예산요구서를 따로따로 작성해서 행정실에 넘겨줬지만, 이번에는 좀 다른 방법으로 했다. 며칠 전에 행정실장과 이야기를 나누었는데, 교무회의에서 예산 집행 현황과 잔액에 대하여 공유를 한 다음, 사업의 적정성과 잔액을 감안하여 추경예산을 결정하기로 한 것이다.

오늘 오후에 예산 관련하여 교무회의가 있었는데, 사전에 담당 교사는 자신이 맡은 사업의 집행 현황과 2학기에 예상되는 적정 예산을 종합하여 이 시간에 총평을 했다. 교사별 총평을 듣고 교육과정 워크숍에서 나누었던 2학기 교육활동 계획과 연계하여 우선순위를 정하고 예산을 재배치했다.

이렇게 한 시간 정도 회의를 했는데, 기존에 개별교사가 각자 맡은 사업에 대한 추경예산을 요구할 때와 비교해보니 몇 가지 이로운 점이 있었다. 첫째, 학교 예산에 대한 교사들의 관심이 커졌다. 둘째, 자기 사업에 매몰되지 않고 전체 교육활동을 바라보며 효율적인 예산 계획을 수립할 수 있었다. 셋째, 예산 집행 현황을 점검해봄으로써 적정시기에 집행할 수 있게 되었다.

공문 하나라도 줄일 요량으로 논의한 내용은 한 사람이 정리하여 예산요구서를 쓰기로 했다. 이 몫은 제안한 내가 자원을 했다. 회의가 끝나고 추경예산요구서를 작성하여 행정실에 넘겨줬더니 행정실장도 쾌재를 부른다. 일단 여러 건의 요구서가 하나로 통합되니 일목요연하여 일 처리가 수월하다며 반긴다. 행정실장과 이야기를 나누다 보니 효율적인 학교 예산 집행 방안에 관한 여러 가지 아이디어가 또 오고 간다. 평소에 곗돈 하나도 관리를 못할 정도로 경제 관념이 없지만, 이렇게 일을 해보니 학교회계도 그리 어렵지 않은 것 같다.

'눈먼 돈', '쌈짓돈'이라 비판받는 교육재정이 교육을 위한 '종잣돈'이 되게 하는 건 결국 교사의 관심에서 비롯되어 함께 소통하며 공감을 어떻게 키워 가느냐에 달렸다. 이제 목적사업비만 줄여주면 훨씬 더 잘할 수 있을 텐데 아직도 학교가 못 미더운가?

아이의 눈으로 써라

 교육과정을 학생에게 나누어준 적이 있는가? 앞에서 교육과정을 만드는 과정을 이야기하며 '교수는 A4 한 장인데 교사는 책 한 권'이라며 하소연했는데, 만드는 과정뿐만 아니라 이를 활용하는 데에도 차이가 있다. 교수는 강의계획서를 학생들에게 나누어주는데, 교사는 교육과정을 학생들에게 나누어주지 않는다. 즉, 내부문서로만 이용한다. 교수가 강의계획서를 학생에게 나누어주는 이유는 강의 진도를 미리 알고 준비하라는 의미이다. 그렇다면, 교사도 같은 의미로 교육과정을 학생에게 나누어주며 안내해야 하지 않을까? 그런데 이런 교사 한 번 본 적이 없고 교육과정을 받아본 학생도 없다. 학교가 가난해서 예산을 절약하기 위해서인가? 아니면 정보공시 항목에 들어 있으니 학교알리미 사이트에 들어가서 찾아보라는 것인가? 나는 마땅히 교육과정도 학생에게 나누어주어야 한다고 생각한다.

이런 갸륵한 뜻으로 설령 교육과정을 학생에게 나누어준다 해도 이를 읽어볼 학생이 과연 있을까? 호기심에 한 번은 책장을 넘겨보겠지만, 끝까지 읽는 학생은 없을 것이다. 무슨 말인지 이해를 해야 읽을 것 아닌가? 그러게 말이다. 교육과정은 왜 이렇게 어려운 말로 쓰여 있는 걸까? 교육과정이 어렵다 보니 수업이 쉬울 리가 없고, 그러니 학생들이 수업에서 멀어지나 보다.

교육과정설명회는 또 어떤가? '글로벌 인재'며 '핵심역량'이며 주절주절 설명은 하는데, 이런 말이 과연 학부모 귀에 들어갈까? 보통 교육과정설명회를 학부모공개수업과 같은 날에 많이 한다. 학부모 입장에서는 담임교사 얼굴이라도 보려고 어렵게 시간을 내서 찾았는데, 이런 어려운 말을 들으며 시간을 허비한다. 듣다 보니 이런저런 의견이 있어서 의견을 내려 해도 이미 다 만들어놓고 설명하는데 어쩌란 말인가? 만들기 전에 간담회라도 했으면 얼마나 좋았을까?

공개수업이 시작되고 수업참관을 하러 교실에 들어가도 답답하기는 마찬가지다. 학부모 입장에서는 수업참관록을 쓰는 게 보통 일이 아니다. 참관록의 질문들이 만만치가 않다. 교사인 나도 참관록을 쓰려면 힘이 든다. 하물며 학부모는 오죽하겠는가? 그렇다고 대충 써서 내자니 무성의한 것처럼 보일까 봐 그러지도 못하고, 빼곡하게 채워서 내자니 정작 수업참관은 뒷전이 되고 칸 채우기에 바쁘다. 이렇게 잘 쓴 수업참관록을 받은 교사는 기분 좋게 읽고는 자랑하기도 하는데, 이를 작성해야 했던 학부모의 고충도 생각해보자. 수업참관록은 왜 쓰게 하는지, 꼭 이런 양식이어야만 하는지 말이다.

교사이기 이전에 나도 두 아이를 가진 학부모이다 보니 입장을 바꾸어 생각해보았다. 어려운 말로 써놓고 안내하지 않는 교육과정, 다 만들어놓고 브리핑만 하는 교육과정설명회, 수업참관록 쓰느라 고생해야 하는 학부모공개수업을 바라보니 그동안 미처 생각하지 못했던 것들에 눈이 간다. 어떻게 이런 세세한 것까지 신경 쓰냐고 되물을 수도 있겠지만, 사실 이런 것에 마음을 두고 함께 풀어가는 것이 소통 아닌가? 그러면 어떻게 하면 이런 소통이 가능한지 하나하나 짚어 보자.

무엇보다 아이의 눈으로 교육과정을 써야 한다. 수업도 아이의 눈으로 보라고 하지 않던가? 그러려면 교육과정이 먼저 아이의 눈으로 읽을 수 있게 쓰여야 한다. 수업의 근간이 되는 교육과정은 늘 어렵다. 아니, 교육과정을 아이의 눈으로 써야 한다는 생각조차 하지 못하고 있다. 어떻게 하면 아이의 눈으로 교육과정을 쓸 수 있을까? 막상 해보면 그리 어렵지 않다. 교육과정편성위원회에 학생, 학부모 대표를 참여시켜서 함께해나가면 된다. 오른쪽 표는 올해 이렇게 만든 학교교육과정의 목차이다. 일단 가볍게 목차와 내용을 훑어보자.

어떤가? 이 정도면 초등학교 저학년 아이들도 읽을 수 있지 않을까? 그래, 쉽게 읽는다. 목차와 내용을 다듬을 때 학생대표도 참석했고 학생대표가 저학년 아이들한테까지 들고 가서 이해 정도를 직접 확인하고 문구를 다듬었기 때문이다. 분량도 28쪽인 데다가 크기도 B5 정도 되니 여교사들 핸드백 속에 쏙 들어간다. 이를 함께 읽어보며 이야기를 나눈 것이 올 3월 초에 있었던 교육과정설명회이다. 이 정도면

::학교교육과정의 목차::

목차	내용	분량(쪽)
왕궁교육가족의 약속	교육공동체가 함께 나누어본 교육철학	1
1. 우리 학교를 소개합니다	학교 현황 안내	1
2. 우리가 다니고 싶은 학교는 어떤 학교일까요?	다니고 싶은 학교에 대한 이야기	1
3. 학교에서 삶을 살아가고 싶어요	학교교육 목표 제시	1
4. 왕궁교육의 짜임새는 튼튼해요	편제 및 시간 배당	1
5. 하루하루 의미 있게 보내요	수업일수, 학사일정, 시간운영계획	9
6. 교과는 핵심을 놓치지 않아요	교과별 기본 방향 및 교육 중점	3
7. 창의적 체험활동으로 깊어져요	창의적 체험활동 기본 방향 및 교육 중점	1
8. 평가는 재는 것이 아니라 성장을 돕는 거예요	평가 계획	1
9. 방과후학교로 나를 채워요	방과후학교, 돌봄교실 운영 계획	1
10. (사업이 아니라) 아이들과 교육이 중심이에요	교육목표별 세부 추진 계획	8
		28

아이들에게 나누어주지 못할 이유가 뭐가 있겠는가? 냉장고에 하나씩 붙여 놓으라는 당부와 함께 각 가정에 보냈다.

교육과정설명회 이야기가 나왔으니 이것도 한번 짚어보자. 결론부터 말하면 나는 교육과정설명회보다 교육과정간담회로 명칭도 바꾸고 시기도 조절해야 한다고 생각한다. 다 만들어놓고 설명회를 하는 것보다 어떻게 만들지 같이 머리를 맞대고 논의하자는 것이다. 보통 학기별로 1회씩 교육과정설명회를 하는데, 1학기는 담임 소개와 더불어 1년 운영계획을 설명하니 필요하다. 하지만 2학기 교육과정설명회는 1학기 재탕 수준이니 학부모의 반응도 떨어진다. 학기별로 1회씩 실시하라는 교육청의 지침에 별생각 없이 따르는데, 유연하게 대처할 필요가 있다. 교육청도 탄력적인 적용이 가능한 지침을 내릴 필요가 있다. 그러면 어떻게 학교가 유연하게 대처할 수 있을까?

이도 그리 어렵지 않다. 2학기 시작과 더불어 있는 교육과정설명회를 12월쯤 교육과정평가를 겸하여 간담회 형태로 하면 된다. 실제로 몇 년간 이렇게 진행해보니 1년간 운영한 교육과정을 돌아보며 학부모의 속 깊은 이야기가 이어진다. 이를 바탕으로 내년도 하고 싶은 교육활동 이야기를 나누면 이만한 실태조사가 어디 있겠는가?

학부모공개수업도 수업참관록만 달리 작성하면, 얼마든지 더 화기애애한 분위기에서 학부모와 함께 속 깊은 대화를 이어갈 수 있다. 참관록을 포스트잇으로 바꾸어보았다. '선생님께 한마디', '부탁해요', '질문 있어요' 등의 주제에 맞추어 담임교사와 하고 싶은 이야기를 마음껏 썼다가 수업이 끝난 후에 이젤 패드에 붙이도록 했다. 결과는 어땠을까? 수업 도중에 참관록 쓰느라 고개를 숙이는 학부모가 한 명도 없었다. A4 한 장을 써야 했던 것에서 몇 글자 안 되는 여러 장의 포스트잇을 작성하는 것으로 바뀌었지만, 그 이야기가 모두 깊이가 있다. 이런 이야깃거리는 자연스럽게 학부모 상담으로 이어졌다. 실적물은 어찌 하느냐고? 걱정하지 마라. 이렇게 사진 한 컷 찍어두고 내용을 입력하여 남겨놓으면 되지 않는가? 실제로 이렇게 입력한 내용과 함께 나누었던 이야기는 내부결재 문서로 고스란히 남아있다.

포스트잇으로 바꾼 수업참관록

다시 한 번 강조하지만, 아이의 눈으로 수업을 보려면 교육과정부터 아이의 눈으로 만들어야 한다. 그래야만 교육과정이 수업으로 자연스럽게 이어진다. 아직도 아이의 눈으로 살피지 못한 것이 교육과정 구석구석에 너무 많다. 함께 찾아보지 않겠는가?

교육과정과 수업, 평가를 일치하라

 수많은 교육을 했지만, 늘 마음 한구석이 공허하다. 왜 그럴까? 교사로서의 사명감도 큰 이유겠지만 교육과정과 수업, 평가의 불일치에서 오는 허탈감이 크다. 공들여 교육과정을 만들었지만, 수업은 정작 따로 놀았다. 이러다가 중간고사와 기말고사 등의 시험 기간이 다가오면, 어김없이 교과서 위주로 문제를 내야 했다. 이마저도 바쁠 때는 제출 기한을 맞추느라 여기저기서 문제지를 구해 이 문제 저 문제 짜 맞추기에 바빴다. 참 부끄럽고 불성실했던 교사로서의 내 삶이다. 이러니 늘 공허할 수밖에.
 '어떻게 해야 교육과정과 수업, 평가를 일관된 맥을 갖고 이어갈 수 있을까?' 공허함을 달래기 위하여 내내 이런 고민을 해왔다. 그러나 해결책을 찾기란 쉽지 않았다. 교육과정을 천천히 다시 읽다가 그 해법을 찾았다. 해법은 처음 교육과정의 새판을 고민하며 학교구성원들이 함께 머리를 맞대고 만들었던 '교육공동체의 약속'에 있었다. 그래, 내가 이렇게 고민하며 머리가 아픈 것은 "가르침이란 아프지 않고서야 할 수 없는 일이다"고 했으니 당연한 일이었다. 우리가 함께 정한 가르침, 배움, 평가의 정의를 그대로 적용하면 될 일이었다.

가르침은?	• 무한한 용기가 필요한 일이다. • 아프지 않고는 할 수 없는 일이다. • 아이들의 삶을 보듬으며 내 삶이 다듬어지는 과정이다.
배움은?	• 스스로 할 때 가치가 있다. • 혼자 하는 것보다 여럿이 함께할 때 참 배움이 일어난다. • 실패에서 훌륭한 배움이 일어난다. 실패를 비난하거나 두려워하지 않는다.
평가는?	• 점수를 따지고 등수를 매기는 것이 아니다. • 삶을 살펴보고 만들어가는 과정이다. • 배움의 과정이며 아이의 성장을 돕는 일이다.

조금 무모하리만치 용기를 내어 수업 계획을 세우고, 한 아이도 배움에서 멀어지지 않도록 여럿이 함께 참여하는 배움의 판을 마련하고, 이런 배움을 점수로 따지기보다 아이들의 삶에 초점을 두어 그 과정을 차곡차곡 밟아가며 서로의 성장을 도우면 될 일이었다. 평가가 제일 관건이었는데, 이도 이런 관점에서 접근해보니 해결책이 나왔다. 서술형·논술형 평가를 실시하기로 했는데, 우리의 수업 상황에서 문제를 구안하면 얼마든지 찾을 수 있었다. 즉, 행사가 많다는 의견이 있어서 이를 주제 중심으로 통합하여 계절마다 행복학교 계획을 세워 수업을 진행했으니 이런 수업 상황을 그대로 문제로 만들었다.

문제를 만드는 것도 그리 어렵지 않았다. 애초에 학년별·교과별 성취기준을 분석하여 교육과정을 재구성했으니 이를 수업 상황에서 찾아 핵심성취기준과 연결하면 될 일이었다. 국어과를 예로 들면, 일주일 동안 책가방 없이 진행했던 '봄행복학교' 수업을 각 학년의 성취기준과 연결하여 문제를 찾았다. 찾아보니 2학년의 '인상 깊었던 일을 찾아 자기 생각이 드러나게 글쓰기', 3학년의 '소개하는 글쓰기', 4학년의 '제안하는 글쓰기', 5학년의 '기사문 쓰기', 6학년의 '연설문 쓰기' 등으로 얼마든지 연결할 수 있었다.

아이들은 지난봄에 책가방도 없이 마냥 즐겁게 일주일을 보내며 학교생활을 했는데, 그게 시험 문제가 되어서 나왔을 때 어떤 느낌이었을까? 첫 시험을 보는 초등 2학년의 시험지를 하나 예로 든다.

초등 2학년의 서술형·논술형 평가 문제

※ 아래는 봄행복학교 기간에 우리가 경험한 교육활동입니다.

일자	교육활동
4월 28일(월)	과학캠프
4월 29일(화)	학교폭력예방교육, 인권교육, 목공교실
4월 30일(수)	장애이해교육, 놀이교실, 목공교실
5월 1일(목)	애도교육, 동물농장체험학습, 요리교실, 다모임
5월 2일(금)	문화체험(영화감상)

(1) 이 가운데에서 가장 인상 깊었던 것은 무엇입니까?
_____

(2) 봄행복학교에 대한 자신의 생각을 밝히고 그렇게 생각한 까닭이 두 가지 이상 드러나게 글을 쓰시오.

생각	
까닭	

　아이들의 생각도 궁금하다. 기상천외한 답변들이 나왔지만, 지면 관계상 다음에 나오는 두 개만 예로 든다. 왼쪽은 2학년 아이가 쓴 평가 답안으로 이 아이는 평소에 두 줄 쓰기도 힘들어하는 아이였다. 그런데 "봄행복학교에 관한 책을 만들고 싶다"라고 생각을 밝히고 두 가지만 써도 되는 까닭을 세 가지나 썼다. 오른쪽의 6학년 아이가 쓴 연설문도 들어볼 만하다. 별지를 달라고 해서 더 쓰는 아이도 많았다. 이러니 '여름행복학교', '가을행복학교', '겨울행복학교'로 계속 이어질 수밖에.

　교육과정과 수업, 평가를 일치시켰더니 아이들이 성장하기 시작했

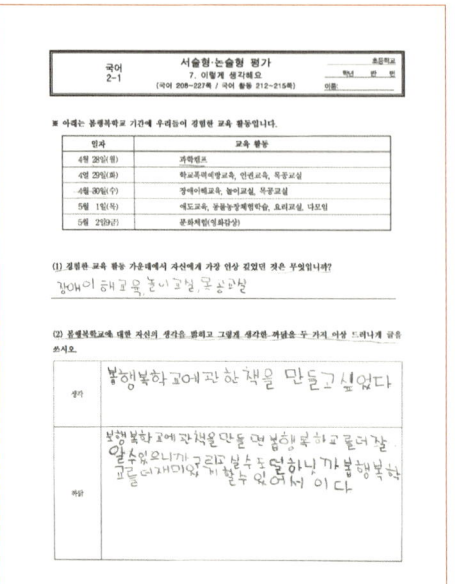
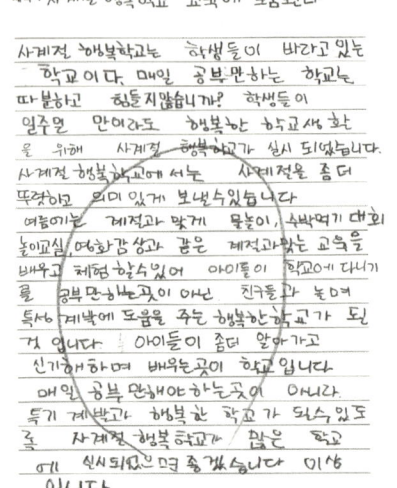

2학년(왼쪽)과 6학년(오른쪽) 평가지

고 그 성장이 교사인 내 눈에도 보이기 시작했다. 이런 광명을 보았는데, 이제 무엇인들 못하겠는가? 교육과정 재구성은 어떤 이론과 강의보다 교사의 시도가 제일 중요하다. 즉 교사가 해보느냐 마느냐, 그래서 그 맛을 아느냐 모르느냐에 달렸다. 그에 따라 아이들의 성장이 달라진다. 아이들만 자라겠는가? 교육과정이라면 쳐다보기도 싫던 내가 이렇게 교육과정을 주제로 한 권의 책을 쓰고 있다. 그러니 일단 시도하고 맛을 보라. '내년에는 어떤 아이들을 맡게 될까?', '그 아이들은 무엇을 좋아할까?', '그 아이들과 무엇을 하며 1년을 보낼까?' 이런 질문으로 시작하면 된다.

공감을 기록하라

지금 근무하는 학교가 몇 년 정도 되었는가? 졸업생은 몇 명인가? 이 학교를 거쳐 간 교사는 몇 명인가? 이들은 그 시절에 어떻게 살았고 현재는 어떤 삶을 살아가고 있는가? 아이들과 나는 오늘 학교에서 어떻게 살아가고 있는가?

두서없이 질문을 던졌는데, 처음 두 개의 질문은 학교 연혁을 보면 금방 알 수 있다. 그런데 이어지는 질문은 솔직히 답을 찾기가 쉽지 않다. 그래도 물어야겠다. 지금까지 삶과 유리된 교육과정을 호되게 비판하며 교육과정에 삶을 담자고 이야기하지 않았는가? 삶을 담자면, 물음밖에 답이 없다. 특히 내가 주목하는 것은 마지막 질문인데, 이에 대한 답을 찾는 것은 쉽지 않은 일이다. 그렇다고 포기할 건가? 아니다. 언제까지 학교에 다닐지는 모르지만, 끊임없이 나에게 이런 질문을 던지며 공감하며 살아가고 싶다.

교육과정에 삶을 담자는 것은 교육을 공감하자는 것이다. 앞에서 1년에 만 개의 공문을 다루어야 하는 학교 현실을 이야기하며 '종이교육'이라는 표현까지 했는데, 이 많은 공문 중에 우리가 공감하는 삶이 있던가? 눈을 씻고 찾아보아도 없다. 각종 사업 안내와 계획서만 차고 넘친다. 공감 없이 만들어진 것이 대부분이니 공감의 결과가 남아있을 리가 없다. 공감은 어떻게 이루어질까? '성찰과 소통으로 미래를 열어가는 공감연수'는 전북교육연수원의 표어인데, 나는 이 문구가 마음에 든다. 무릇 교사연수를 하는 곳이라면 이런 마인드가 기본이다. 그래, 성찰하고 소통하면 될 일이다.

학교에 남아있는 기록을 살펴보면 각종 행사계획서는 즐비하지만, 과정과 결과는 문서로 남아있지 않다. 즉 행사는 어떤 의미가 있었는

여름행복학교 평가회에서 소감을 나누는 아이들

지, 이를 통해 무엇을 배웠는지, 힘들었던 점은 무엇인지, 그 과정에서 느낀 보람은 무엇인지, 다음에는 어떻게 하면 좋겠다는 등의 과정과 결과가 남아있지 않다. 이유가 뭘까? 이유는 뻔하다. 평가가 이루어지지 않으니 그 결과가 남아있지 않은 거다. 그런데 이런 평가회는 매우 중요하다. 돌이켜 보라. 평가가 이루어지지 않은 행사를 통해 교사에게 남은 것은 소진뿐이었다. 그러니 일부러라도 시간을 마련하여 반드시 평가회를 해야 한다. 이런 평가회를 통해 아이도 교사도 성장한다.

평가회만으로도 충분한 의미가 있지만, 그 의미를 더 크게 하려면 평가회의 결과를 기록으로 남겨두는 것이 좋다. 공문 하나라도 줄이기 위해 부단한 노력을 하고 있지만, 이런 생각의 일환으로 일부러 공문 하나라도 늘리며 학교에 남겨놓는 것이 있다. 이 공문들은 주로 '이야기'라는 제목을 달고 있다. 공문 제목으로는 어울리지 않는가? 그래도 나는 이런 이름이 좋다. 교육과정 워크숍을 다녀왔으면 그 자리에서 어떤 이야기를 나누었는지 기록한다. 봄행복학교를 마쳤으면 반드시 평가회도 진행한다. 교사공동체 모임을 했으면, 그 속에서 어떤 이야기를 나누었는지도 기록한다. 이렇게 나눈 이야기의 기록이다 보니 '이야기'만큼 좋은 제목이 없다.

굳이 이런 기록을 공문으로 남겨놓는 이유는 짐작해보면 알 것이다. 나는 이 학교를 만기가 되어 곧 떠나야 한다. 다음에 올 누군가가 내가 남겨놓은 기록을 만난다면 어떤 기분이 들까? 내가 겪은 시행착오를 줄여주며 더 나은 이야기 마당을 준비하는 데 의미 있는 이야깃거리가 되지 않을까? 이런 공감의 기록을 이용하여 학생들의 시험 문제까지 만들었으니 기록의 위력은 실로 대단하다. 조금 귀찮더라도 성찰하고 소통하고 공감하는 것을 게을리해서는 안 된다. 그런 다음, 이 공감을 반드시 기록해야 한다. 이 기록이 바로 그렇게 찾고자 했던 학교의 역사가 아닐까?

상장을 넘어
성장을 보라

　가을행복학교를 이틀 앞둔 금요일 오후에 긴급하게 교무회의가 열렸다. 현장체험학습과 주제별 특강, 학예회 등으로 일주일 동안 책가방 없이 보내야 하니 기획 단계부터 교사들이 긴밀하게 협조하고 있었지만, 이날 회의의 주된 안건은 학생 수상과 관련된 것이었다. 이 기간에 한식문화체험을 주제로 현장체험학습이 예정되어 있었다. 이를 기획한 교사는 다녀온 후에 아이들이 체험학습 보고서를 쓰는 시간이 별도로 있으면 좋겠다는 의견과 함께 우수한 학생을 시상하고 싶다는 의견을 냈다. 체험학습을 돌아보는 시간이 될 것 같아 보고서 쓰기에는 모두 긍정적인 반응을 보였지만, 이를 두고 상을 주는 것이 적절한지에 대해서는 의견이 갈렸다.
　상을 주면 좋지 무슨 이런 회의를 하는지 의아해하는 사람들이 있을 것 같다. 맞다. 상은 주는 사람도 받는 사람도 기분이 좋으니 많이 주고받을수록 좋다. 그러니 이 좋은 상을 줄지 말지를 고민하는 회의가 이해가 안 갈 수도 있다. 그런데 우리는 학년 초에 교육과정에 삶을 담는 것과 함께 학생 수상 문화도 고민했다. 상은 왜 줄까, 몇 개나 주고 있을까, 어떤 상을 주고 있을까, 이렇게 주는 상이 아이들에게 어떤 의미가 있을까, 상을 주기 위해 교사는 어떤 일을 하고 있는가 등에 대한 고민을 나누었다. 그 결과로 순위를 가르는 대회는 지양하고 꼭 필요하다면 발표회 형태로 운영하면서 학습의 결과를 나누며 공감을 키워갔다.

그런데 문제가 생겼다. 이렇게 운영하다 보니 생활기록부 수상경력에 넣어야 할 수상실적이 없다. 학년 말은 다가오는데, 이를 어떻게 대처해야 하는지 다시 원점에서 검토가 이루어진 것이다.

1년 동안 우리 학교에서 아이들이 받은 상은 모두 몇 개나 될까? 2013학년도 수상대장을 조회해보았다. 전체 316건으로 교내 수상이 285건, 교외 수상이 31건이었다. 학생 1인당 평균 6개 정도를 받았고 많은 학생은 15개가 넘었다. 친구사랑주간 학예행사 글쓰기, 현장체험학습 보고서, 학생수련활동 보고서, 학력우수상, English & Book Contest, 독서편지쓰기대회, 모범 어린이, 과학경진대회, 스포츠클럽대회, 금연포스터그리기대회, 어린이날 기념 문화재그리기대회, 양성평등포스터그리기대회, 다독왕 등등 상의 이름과 종류도 많았다. 이렇게 많은 상을 받다 보니 정작 상을 받은 학생도 자신이 무슨 상을 받았는지 기억을 못 한다. 이런 상이 학생에게 의미가 있을까?

스펙이라 하던가. 취업난이 심해지면서 구직자 사이에서 학력과 학점, 자격증 따위를 통틀어 이르는 말로 쓰이기 시작했는데, 이 말이 학교에서도 널리 쓰인다. 수상실적이 대표적인 경우이다. 학교에서의 상장은 칭찬과 격려라는 교육적 의미보다는 진학을 위해 차곡차곡 쌓아야 하는 스펙이 되고 말았다. 그러니 교육부도 대외상은 입력하지 말고 교내상만 입력하라, 참가대상을 엄격히 구분하여 입력하라, 등위를 매겨 입력하라는 식으로 더 촘촘한 생활기록부 기재 요령을 내린다.

교사가 학생에게 상을 주기 위해 해야 하는 일은 그리 간단하지 않다. 대회 계획 기안해야지, 채점해야지, 그 결과를 토대로 시상 기안을 해야지, 상장과 함께 주는 상품 구매를 위한 품의 기안을 해야지, 수상이 끝나고 나면 수상대장에 등재해야지, 공식적인 업무만 해도 5가지의 행정 절차를 밟는다. 공식적인 절차만 이렇지 어떤 대회를 열어야 하는지, 어떤 방식으로 해야 하는지, 채점은 어떻게 해야 하는지, 상품은 뭐가 좋은지, 어디에서 사야 하는지, 어떻게 사야 하는지 등의 고민이 끝도 없이 이어진다. 교사 1인당 대회를 하나씩만 실시해도 학교에서는 연중 대회가 열린다.

학생만 스펙을 쌓아야 하는 것이 아니다. 교사도 마찬가지다. 전보 가산점, 교사성과상여금 등에 수상실적을 반영하다 보니 필요에 따라 수상경력을 쌓아야 한다. 이런 상을 주기 위해 교육부는 지역별로 몇몇씩 배정인원을 두고 교육청은 이를 다시 학교별로 배정한다. "상 필요한 사람 있으면 말하세요." 관리자로부터 이런 이야기 많이 듣지 않았는가? 교사에게 상은 필요한 사람이 받는 것이 관행이 되어버렸다. 이런 관행이 석연치는 않지만, 잠깐의 자존심을 누르고 상을 받으려면 절차는 또 얼마나 까다로운가? 추천서만 간단하게 써도 좋을 텐데 몇 장이나 되는 공적조서를 쓰고 이를 다시 정리하여 공적요약서까지 첨부해야 한다. 인사 관리를 총괄하는 관리자가 이런 역할을 해야 하지만, 그런 학교는 많지 않다. 인사위원회는 형식적인 회의록만 남겨놓고 부끄러움을 무릅쓰고 교사 스스로 공적조서를 채워간다. 이렇게 상을 받으니 상을 받는 교사도 자랑스럽게 여기지 못하고 쉬쉬하는 경향이 있다. 교사도 학생도 이런 상을 언제까지 주고받아야만 할까?

　서두에 언급했던 교무회의는 어떻게 결론이 났을까? 가을행복학교에서 상을 주지 않기로 했다. 봄에도 여름에도 그랬던 것처럼 아이들에게 상장을 대신해 선물을 주기로 했다. 생활기록부 수상경력 란을 비워두는 것은 개운하지가 않았다. 그래서 학년 말에 아이들의 특기를 살려 등위가 없이 학생 모두에게 주는 상을 주기로 하고 회의를 마쳤다. 치열한 논의의 결과였지만, 서운한 마음 없이 모두 다시 합의에 이르렀다. 상장(賞狀)을 넘어 아이들의 성장(成長)을 보기로 했지만, 아직 우리가 넘어야 할 산은 높고 험했다. 그래도 우리는 이 가치를 믿으며 여럿이 함께 그 길을 가기로 했다.

6장

교육과정이 깊어지는 교사공동체 이야기

교육과정이 삶이 되려면 교사의 성찰과 소통이 있어야 한다. 여기서 비롯된 공감이 우리의 삶을 돌아보게 한다. 이 공감을 어떻게 키울 수 있을까? 곰곰이 생각해보니 결국 교사공동체가 답이다. 그러나 말은 많이 들었지 막상 무엇부터 어떻게 해야 할지 막막하다. 사실 이것이 이론 가지고 되는 일도 아니다. 어떻게 할까? 그래, 멍석을 깔자. 대사집 풍경을 떠올려 보면 멍석을 깔아야 그 위에 사람들이 둘러앉아 놀지 않았던가? 이렇게 멍석을 깔고 그 위에서 나눈 몇 가지 이야기를 들어보자.

교실 문을 열고 나누었던 일상수업

"혁신학교니까 가능하지 일반 학교에서는 꿈도 못 꿀 일이에요."
"왜 혁신학교를 안 해요?"

최근에 교육과정이나 교사학습공동체를 주제로 한 강의를 자주 하는데, 그때마다 듣는 이야기다. 그래, 지금까지 이야기한 학교 이야기의 주인공은 혁신학교가 아니다. 놀랐는가? 아니면 실망했는가? 이렇게 묻는 이유가 있다. 내가 그랬던 것처럼 혁신학교에 대한 불편한 오해를 가진 사람이 많기 때문이다. 애초에 나는 혁신학교에 대해 그리 탐탁지 않았다. 혁신학교의 철학과 가치는 인정하지만, 관에서 주도하는 톱다운 방식의 정책이 끼친 폐해를 여러 해 경험하다 보니 혁신학교 또한 그리되지 않을까 하는 우려가 컸다. 이런 마음이었으니 혁신학교 응모 여부를 진지하게 동료 교사와 논의하지 못했고 그러다 보니 응모 타이밍도 놓쳤다.

　혁신학교 교사들이 들으면 조금 서운하겠지만, 나는 혁신을 말로 하는 순간 혁신에서 멀어진다고 생각한다. 가랑비에 옷 젖는다는 말이 있지 않은가? 혁신은 이렇게 젖어들어야 하는데, 요즘 이 혁신이라는 말을 하도 듣다 보니 '혁신 피로감'마저 들 때가 있다. 그래도 나는 혁신학교 심사와 컨설팅을 하면서 혁신학교 교사들과 자주 소통하며 학교 이야기를 나눈다. 그때마다 느끼지만, 혁신학교는 할 수만 있다면 해보고 싶은 학교인 것은 분명하다. 그러니 "혁신학교를 왜 안 하느냐?"고 서운해하지 말고 어차피 한 길을 가는데 그냥 조금 돌아간다고 이해해주면 고맙겠다. 지름길을 놔두고 조금 돌아가는 이 행보가 더딘 것 같지만, 그래도 나처럼 성격이 우유부단한 사람에게는 더 큰 행보를 내딛는 계기를 가져오기도 한다. 혹시 그래도 서운한 마음이 든다면 마지막에 나오는 희망교실 이야기를 듣다 보면 그 서운함도 풀릴 거라 생각한다.

　부끄러운 이야기라 망설였는데 그냥 해야겠다. 이런 이야기까지 진솔하게 내뱉어야 남은 이야기를 진솔하게 들으며 공감을 해줄 테고, 이런 부끄러운 모습이 학교의 속사정이기도 하다. 이전 학교에서 만기가 되어 이 학교로 발령을 받고 인사를 오던 날이 생각난다. 교무실에 들어서려는데, 모든 교사가 출근하여 열띤 토론을 하고 있었다. 그 모습을 보고 교무실 밖에서 기다리면서 '이 학교 오기를 정말 잘했구나' 하는 생각이 들었다. 교사들이 방학에도 출근하여 열띤 토론을 하는 분위기라면, 무언가 해볼 수 있겠구나 하는 기대가 있었다. 그러나 이런 기대는 곧 실망으로 바뀌었다. 열띤 토론은 다름 아니라 교사성과급 평정의 적정성 여부를 두고서 벌이는 날 선 공방이었기 때문이다.

　전년도 교육실적으로 교사성과급 평정을 하는 것이니 이제 전입해 온 나와는 무관한 일인지도 모른다. 그런데 과연 그럴까? 조금만 시간이 지나면 나도 저 논란의 현장에 앉아있을 테니 말이다. 막상 출근을 해보니 꼭 성과급만의 문제는 아니었다. 서로 패가 갈려 겉도는 분위기가 부담스러웠다. 이런 분위기에서 이제 전입해 온 내가 어떻게 처신해야 하는지도 난감했다. 이런 학교로 찾아온 나를 탓해야지 누구를 탓하겠는가?

　이런 분위기에서 혁신학교에 도전한다는 것 자체가 사실 무리였다. 그래도 농촌학교의 특성을 살려 도시학교와 결연을 맺어 도농교류 활동을 하며 주말도 잊고 아이들과 열심히 살았다. 그런데 막상 그 순간은 보람 있어도 돌아보면 늘 허전했다. 내 몸은 서서히 지쳐갔고, 교사가 되면서 가졌던 마음은 소진되고 있었다. 원인을 찾다가 열심히 한다고만 해서 되는 것이 아니라 어디를 향해, 무엇을, 누구와 함께하느냐가 있어야 한다는 생각이 들었다.

　교실 문을 열라는 이야기를 많이 한다. 법률(초·중등교육법)적 근거도 생략한 채 졸속 처리한 교원능력개발평가로 인하여 1년에 2회 이상 의무감에 하는 공개수업만으로도 버거운데, 교실 문을 열라는 이야기가 현장 교사들에게 곱게 들리겠는가? 그러나 더 큰 문제는 교사들 스스로 왜 교실 문을 열어야 하는지 한 번도 생각해본 적이 없다는 데 있다. 교실 문은 왜 열어야 하는 걸까? 이 물음에 대해 교사들 스스로 생각하지 않으니 자꾸 이런 무리수를 동반한 교육정책이 끼어드는 게 아닐까? 그러니 이제라도 한번 따져보자. 교실 문은 왜 열어야 하는 걸까? 어떻게 열어야 하는지는 차후의 문제다. 왜 교사가 되려 했는지를 먼저 따져봐야 어떤 교사로 살 것인지로 생각이 이어지니 말이다.

교실은 공적 공간일까, 사적 공간일까? 어리석은 질문이지만, 이 질문을 하고 나니 왜 열어야 하는지 답이 보인다. 교실은 엄연히 공적 공간이며 교실 속에서 이루어지는 수업은 공적 행위이다. 이 수업을 방해하는 것은 단호하게 차단해야 하지만, 교실 문을 여는 것이 수업을 방해할까? 그럴 리가 없다. 그런데 왜 나는 교실을 여는 것을 이렇게 주저하는 걸까? 그간의 공개수업에서 보아왔던 인상이 나를 짓누르고 있는 것은 아닐까? 장학지도라도 온다고 하면, 교사들 모두 빙 둘러앉아 공개수업할 교사를 먼저 '공개수배'부터 해야 했다. 어색한 침묵을 깰 용자가 나오기를 얼마나 바랐던가? 이도 여의치 않으면 등 떠밀거나 밀리기도 하고 이런 분위기가 싫어서 자원이라도 할까 말까 얼마나 고민했던가? 공개수업자로 선정되면 만인을 위해 희생하는 양 또 얼마나 자만에 빠졌던가?

열자고 하니 더 부담이었던 것 같다. 연다는 것은 어쩐지 나는 열고 누가 나를 봐야 하는 것처럼 느껴졌다. 반면에 나눈다는 것은 서로 평등한 관계처럼 여겨지지 않는가? 수업공개라 하면 발가벗겨지는 느낌이 들지만, 수업나눔이라 하면 패션의 완성과도 같은 느낌이 든다. 마침 혁신학교를 주축으로 '일상수업을 나누자'라는 말이 유행처럼 번지고 있었다. 그러나 이런 흐름을 제대로 익혀본 적이 없는 나는 어떻게 이를 시도해야 하는지 답답하기만 했다. 배움의 공동체, 아이의 눈으로 수업보기, 참여형 수업연구, 수업친구 등 교사공동체를 지향하는 책을 읽으며 조금씩 우리 학교에서 적용 가능한 방법을 찾기 시작했다. 그 돌파구를 전북교육청에서 운영하는 교사동아리에서 찾았다.

당시 전북교육청은 교사동아리 활성화를 위해 여러 가지 지원책을 강구하고 있었고, 교사들로부터 상당한 호응을 얻고 있었다. 왜 안 그랬겠는가? '동아리' 하면 학창 시절의 낭만부터 떠오르지 않는가? 공감대가 있는 교사가 모여 학교에 그런 낭만을 만들어내는 상상력이 교사들에겐 꼭 필요하다. 교사동아리 활성화는 김승환 교육감 2기에 들어서도 꾸준히 유지되고 있는 정책이다. 풍문에 의하면 이런 예산 지원에 대해 도의회에서는 그때나 지금이나 그리 탐탁지 않은 반응이라고 한다. 그분들은 학교를 몰라도 한참 모른다. 교사에 대한 지원은 절대 게을리해서는 안 된다. 교사의 사기 진작의 최대 수혜자는 아이들이기 때문이다.

방향을 찾았다면, 이제부터는 전문 기술이 요구된다. 나는 이를 '교실 찾아가기'라 부른다. 교실 밖으로 나오지 않는 교사를 만나려면 내가 찾아가면 된다. 커피 한 잔 타서 들고가 내 진심을 담아 교사동아리를 함께해보자는 제안을 했다. 교실마다 돌며 똑같은 이야기를 몇 번을 반복했는지 모른다. 한꺼번에 모여서 하지 왜 이런 수고를 하냐고? 뭘 모르는 말이다. 이런 일일수록 이렇게 발품을 팔며 일대일로 이야기를 나누어야 의미 있는 결과가 나온다. 이렇게 해서 수업혁신 동아리를 신청하게 되었고, 신청한 교사 동아리는 특별한 결격 사유가 없으면 선정되는 추세였으므로 우리가 꾸린 동아리도 무난하게 선정될 수 있었다. 예산도 200만 원 정도 지원받았는데, 이 돈은 수업자료 구입과 협의회 경비, 도서 구입 등으로 아주 요긴하게 썼다.

무엇을 나눌까, 어떻게 나눌까, 나눈 것은 어떻게 키울까 등의 고민이 이어졌다. 김태현의『교사, 수업에서 나를 만나다』를 읽고 나니 나눌 것은 정해졌다. 일상수업으로 동료 교사를 초대하는 '수업초대하기', 내 수업을 보아달라고 부탁하는 '수업요청하기', 수업을 주제로 잡다한 이야기를 풀어가는 '수업수다떨기'로 방법도 정해졌다. 이렇게 오밀조밀하게 나눈 이야기를 공유하기 위해 일정 형식에 치우치지 않고 카페를 통해 서로 공감하며 키워가는 것으로 가닥이 잡혔다. 이제 실행만 남았다.

이럴 때 시범이 중요하다. 내가 먼저 수업초대를 시작했다. 수업초대는 내 수업을 나누고 싶은 동료 교사를 찾아 사전에 수업일시와 나눌 이야기를 정하고 해당 교사에게 간단한 초대장을 보내는 것이었다. 맨 처음 수업초대를 하며 썼던 초대장을 보니 그날의 느낌이 생생하게 살아난다.

[수업초대하기] 4월 25일(수) 4교시-2학년 1반 – 수학 | 정성식

드디어 첫 번째 수업을 엽니다. 많이 부족함을 알기에 교실 문을 여는 마음이 두렵지만, 이 두려움을 이기고 나면 더 큰 배움과 나아감이 있으리

라는 믿음이 있기에 기꺼이 환영하는 마음을 담아 교실 문을 활짝 열어 둡니다. 영광스런 첫 자리에 올해 우리 학교로 발령받은 배철진 선생님과 기간제교사 조성민 선생님을 모십니다. 사전에 두 분 선생님께 말씀을 드렸고 두 분이 기꺼이 초대에 응해주셨습니다. 초대에 응해주신 두 분 선생님께 진심으로 감사드립니다.

전담교사와 수업시간을 조정하여 두 교사는 수업초대 시간에 맞추어 교실을 찾아주었다. 장학사도 아니고 이제 막 발령받은 신규교사와 발령을 앞둔 기간제교사 앞에서 드디어 수업을 열었다. 수업이 끝나고 점심시간을 이용하여 남자 셋이 교실에 앉아 차 한 잔 나누며 이어간 수업수다도 즐거웠다. 이렇게 수업수다떨기가 끝나고 나면, 수업에 초대받은 교사는 수업에 초대받은 느낌을 간단하게 카페에 올려 참관하지 못한 교사들도 분위기를 이해할 수 있게 했다. 내 수업을 보고 당시 신규교사였던 배철진 선생님은 어떤 느낌을 받았을까?

[수업수다떨기] 4월 25일 수업참관 후기 | 배철진

열린 교실!
말 그대로 열려 있는 교실에 가서 수업을 참관하고 왔습니다.
실습 때나 대표수업 때 늘 교사와 학생이 짜 맞춘 듯해서 수업이 아닌 이

> 질적인 느낌이 들어 회의감이 들었다면, 이번에 본 수업은 정말 아이들과 수업을 하는 듯해 매우 좋았습니다. 생각 외의 답이 나와 당황하기도 하고 원하는 대답이 나오질 않아서 뱅뱅 돌기도 하고, 정말 진짜 수업이었습니다. 저는 '나는 우리나라 제일의 건축가다'라고 말을 한 후에 놀이터를 만들었던 것이 기억에 남습니다. 이렇듯 쉬우면서도 학생들의 의욕을 돋울 수 있는 깨알 같은 노하우를 볼 수 있어 매우 좋았습니다.
> 이렇듯 수업을 서로 공개하고 여러 가지 노하우를 배울 수 있는 기회가 있어 매우, 부담되면서도 기쁩니다! 네, 다음엔 제가 공개를 해야 할 텐데 말이죠….

이렇게 내 수업을 참관한 배철진 선생님은 다시 내게 수업참관을 부탁하면서 선배들의 신규시절 이야기를 듣고 싶다고 했다. 이런 이야기는 여럿이 나누어야 제맛이다. 신규교사에게 우리의 초임 시절 이야기를 들려주자고 제안했더니 방과 후에 모든 교사가 모였다. 교직경력과 근무지가 다양하다 보니 삶의 애환을 곁들인 신규시절 이야기는 끝날 줄 모르고 이어졌다.

수업초대에 이어 수업요청도 이어졌다. 수업요청은 내가 보고 싶은 수업을 정해 해당 교사와 의견을 조율하여, 보고 싶다고 요청한 교사와 이를 수락한 교사가 수업을 나누는 것이었다. 이런 수업요청은 다양한 특기가 있는 교사에게 우리 반 수업을 부탁하는 데까지 나아가게 되었다. 우리 교단에서 이런 수업나눔이 있었던가?

[수업요청하기] 6학년 1반) 실과 5단원. 간단한 생활용품 만들기
-주머니 만들기 | 두레박선생

교육과정을 재구성하여 실과 5단원 '간단한 생활용품 만들기'를 5월에 실시하려고 합니다. 그런데 제가 바느질 솜씨가 부족하여 지원요청을 해야 할 것 같아요. 퀼트 및 각종 바느질에 탁월한 능력을 지니신 1학년 김소영 선생님께 월요일(5~6교시) 수업지원 요청드려요~~~!

이런 사연을 접하고 수업요청자와 수업도움 교사의 만남이 이루어질 수 있도록 전에 자신이 도움을 받았던 경험까지 전해주며 수업나눔은 활기를 띠어갔다.

두레박선생
가능하시다면 다음 주 5.7(월) 5~6교시, 5.14(월) 5~6교시 지원 부탁드려용~~!

다복솔
작년에 실과 수업하면서 김소영 선생님께 많은 도움 받았어요. 그때 우리 반 아이들이 만든 주머니를 보면서 많이 흐뭇해 했지요. 수업이 끝난 후에도 다 못한 아이들을 차후에 꾸준히 지도해서 끝까지 포기하지 않고 작품을 완성하게 하는 모습을 보면서 많이 배웠습니다. 큰

배움 기대할게요.^*^

소영낭자

*^.^* 쑥스럽네요~~ 작년 6학년 수업이 떠오르네요. 작은 바늘 하나에 가는 실을 꿰면서 쩔쩔매더니, 결국은 멋지게 완성해가던 아이들~ 올해도 기쁜 마음으로 큰 영광(?)으로 알고, 열심히 준비해서 해보도록 하겠습니다. 수업 협의하며 함께 진행해보아요~

수업을 요청했던 교사는 수업도움을 받고 나서 어떤 마음이었을까? 짐작은 가지만, 그 생생한 목소리를 직접 들어보자.

[수업요청하기] 6학년 실과-바느질 도구를 이용하여 생활용품 만들기 | 두레박선생

바느질과 뜨개질에 영~~ 재주가 없는 저에게 6학년 실과 '간단한 생활용품 만들기' 단원은 무척 힘든 일이었습니다. 우리 소영쌤이 안 계셨다면 어찌 하였을까요? ^____^

다재다능한 소영 선생님이 계셔서 선택활동 1, 2, 3, 4를 모두 해볼 좋은 기회를 얻었답니다.(평소 같으면 선택활동 중 제가 겨우 할 줄 아는 십자수 하나만 선택했을 터인데요...^^;;

바느질로 주머니도 만들어보고, 코바늘로 수세미도 만들어보고, 십자수

> 로 멋진 액세서리도 만들어보고, 오늘 드디어 대바늘로 목도리에 도전해
> 보고 있습니다.

세상은 우리에게 컨설팅 장학 횟수를 따져 교사성과급, 학교성과급, 포상 등과 연계시키며 교육실적을 만들어내도록 경쟁으로 내몰고 있지만, 우리는 수업나눔을 하며 무너진 자존심을 찾아갔다.

첫 발령, 초심을 일깨운
교사부모초청
공개수업

어느 날 퇴근길에 바람에 나부끼는 하얀 억새꽃을 보니 저 꽃보다 더 희끗희끗한 머리를 하고 있는 부모님이 떠올랐다. 교사가 되고 내 가정을 꾸리고부터 부모님보다 학부모를 더 많이 만났다. 학부모 공개수업은 해마다 하면서 정작 내 부모님께는 한번도 교사가 된 내 모습을 보여드린 적이 없다. 문득 내 부모님을 모시고 공개수업을 해보고 싶다는 생각이 들었다. 자라면서 부모님 속을 많이 썩였는데, 이런 내 모습을 보면 부모님도 흡족해하시고 지쳐가던 나도 그런 부모님을 보면서 다시 기운을 낼 수 있을 것 같았다.

혼자 할 수도 있지만, 그러면 부모님도 불편하실 것 같고 이래저래 눈치도 보였다. 그렇다고 회의 시간에 갑자기 이런 이야기를 꺼낼 수는 없었다. 어떤 반응이 나올지 짐작되지 않는가? 이럴 때는 일대일

대화를 통해 의중을 알아보는 것이 먼저다. 그래서 동료 교사를 하나하나 찾아가서 이런 속내를 이야기했다. 부담스러워 할 줄만 알았는데 모든 교사가 "같이 해보고 싶다"고 하는 게 아닌가. 이렇게 뜻이 모이는데 무엇을 못 하겠는가? 전체 뜻이 모이자 교무회의 시간에 이야기를 꺼냈다. 사전에 취지에 공감하고 의기투합이 되었으니 모두 한 마디씩 거들었다. 언제, 어떻게 할 것인지는 부모님의 일정을 고려하여 다시 잡기로 하고 회의를 마쳤다.

 2012년 11월 28일, 드디어 우리의 부모님을 모시고 공개수업을 하는 날짜를 잡았다. 서로 수업 아이템도 나누며 부모님을 어떻게 모실지에 대해 참 많은 이야기를 나누었다. 부모님 초청 수업을 마치자 교장 선생님은 부모님과 우리들에게 식사자리도 마련해주시고 이후에 부모님과 함께 보낼 수 있는 넉넉한 시간을 배려해주었다. 그 훈훈한 감동을 수업후기로 공유했는데, 그 사연 또한 감동이었다.

"저를 낳으시고 고이 길러 이 땅에서 교사의 길을 걷게 해주신 부모님을 모시고 공개수업 잘 마쳤습니다. 무주에서 익산까지 오시는 길이 쉽지 않았을 텐데, 자식 일이라면 이렇게 단박에 달려오십니다. 부모님뿐만 아니라 형님까지 오셔서 더 시큰했습니다. 장남인 제 형님은 저를 포함하여 다섯이나 있는 동생들을 굽어살핀 아버지 같은 분입니다.
KBS에서 취재를 와서 아버지는 인터뷰까지 하셨는데, 오늘 밤 9시 뉴스 지역방송에 나올 예정이라네요. 아버지의 벅찬 감동이 듣고 싶으시면 살

짝 봐주세요.

수업하는 내내 흡족해하시며 저와 아이들을 지켜보는 부모님과 형님을 보며 가슴이 벅찼습니다. 교단에 서 있는 것이 참 자랑스러웠습니다. 오늘의 이 감동 안고 다시 신나게 아이들과 더불어 살아갈 자신감도 생겼습니다.

아버지, 어머니!

고맙습니다. 사랑합니다. 그리고 같이 수업공개를 해주신 왕궁초 모든 선생님께 진심으로 감사드립니다. 식사를 마치고 부모님을 모시고 기념사진을 찍었습니다. 참 멋지고 예쁘죠?"

"교직경력 21년 만에 처음으로 부모님을 모시고 공개수업을 하게 된 역사적인 날~. 쑥스럽기도 했지만, 하길 잘했다는 생각이 듭니다. 첫 발령

지인 고창으로 이른 새벽 시외버스를 타고 출퇴근할 때마다 열정 하나로 아이들과 웃고 울던 새내기 교사인 딸을 따뜻하게 보듬어 주시고 격려해 주시던 부모님이 계셨다는 것을 새삼 되새기는 계기가 되었습니다.

"제 부모님이 오신다는 소식에 우리 반 1학년 귀염둥이들은 저보다 더 들떠서 저의 어린 시절에 대해 궁금한 점을 물어보겠다며 언제 오시는 거냐고 연거푸 물었지요. 막상 교실로 들어서시는 부모님을 마주하고는 방글방글 웃으며 신기한 듯 살피기만 하더니 "선생님이랑 할머니랑 정말 똑같다!"는 한 아이의 외침에 교실은 웃음바다가 되었지요.

수업시간 내내 평소보다 더 활발하게 참여해준 우리 반 귀염둥이들이 어찌나 사랑스러웠던지요. 잔잔한 미소로 딸의 수업을 지켜보시던 부모님 앞에서 눈치 빠른 제자들 덕분에 제 어깨가 으쓱했습니다. "아이들이 구김살 없고, 표정이 참 밝구나! 보기 좋아." 수업이 끝나고 이런 말을 해주

> 시는 아버지의 얼굴에 흐뭇함이 가득 묻어났습니다. 지나온 21년보다 앞으로 남은 교직 생활을 더 자신감 있게 보여드릴 수 있는 그런 희망을 꿈꿔 봅니다."

초등교사 온라인 커뮤니티인 '인디스쿨'을 자주 찾는 편인데, 늘 좋은 생각과 자료를 얻어만 가는 것이 미안하여 이 사연을 올렸더니 감동 댓글이 이어졌다. 교사의 마음은 다 같은가 보다. 그 가운데 몇 개만 인용해본다.

> "부모님들께서 정말 뿌듯하셨겠어요.^^ 교생 실습할 때 부산에서 신규 선생님이 부모님을 모시고 공개수업하는 것을 보고 대단하다고 생각했는데… 그때 생각이 나네요. 부모님을 모시고 그 앞에서 수업한다는 게 쉽지 않은 일인데 큰일 하셨습니다~."
>
> "저는 늘 울 엄마 관심을 온몸으로 받고 자란 외둥입니다. 공개수업한다고 하면 울 엄마는 엄마도 가서 구경하면 안 되냐고 하세요. 부모님께서 얼마나 대견하게 선생님을 바라보았을지 눈에 훤합니다. 정말 기회가 된다면, 울 엄마도 공개수업에 초대하고 싶어요. 괜히 제가 찡하네요."
>
> "선생님~ 눈물이 나네요~. 참 감동적인 수업이었을 것 같아요. 선생님

의 용기에 박수를 보냅니다. 저도 엄니, 아버지 초대하고 싶어요.ㅜㅜㅜ"
"그 느낌이 어땠을지… 그 감동이 제게도 밀려옵니다. 오늘 집에 따듯하게 전화해봐야겠어요!"

"눈물 나요~~. 정말 감동적이네요. 왜 한 번도 이런 생각을 하지 못했을까요? 자식이 교사인 것을 정말 큰 자랑으로 알고 계시는 부모님께, 요즘 교사들 힘들다는 얘기에 제일 걱정이신 부모님께 공개수업으로 보답해드리고 싶네요~."

"눈시울이 붉어집니다. 교단에 선 자식을 뿌듯하게 바라보셨을 부모님의 마음도 감히 헤아려지고요."

"선생님 수고 많으셨습니다.^^ 감회가 새로우셨을 것 같아요. 저도 예전에 학부모와 장학사를 모시고 전체 공개수업 할 기회가 있을 때 부모님, 언니 다 오시라 했죠. 13년 만에 처음으로 모셨었는데, 참 새로운 기분이었습니다. 물론, 학교에서는 제 부모님과 언니가 왔다는 걸 몰랐고요. 사실 많이 떨릴 줄 알았는데, 특별히 부모님 오셨다고 더 떨리진 않더라고요. 가슴 한구석이 찌릿한 것이… 진작 한번 모실걸 하는 후회가 들었다고나 할까요? 아무튼, 다른 분들도 한번 해보시길 강추해드립니다. 마음속 한쪽에 찌릿한 느낌이 듭니다. ^^;;"

부모님을 학교로 모신 이 날의 공개수업은 우리 모두에게 뭉클한 감동을 주었다. 부모님도 흡족하게 해드릴 수 있었고, 지쳐가던 내 몸과 마음도 기운을 찾을 수 있었고, 무엇보다 이 일을 계기로 우리의 마음은 완전히 통하기 시작했다. 이렇게 하나 된 우리, 이제 무엇인들 못할까? 부모님을 해마다 모실 수는 없고 평생에 한 번이라고 생각한다. 혹시 지쳐가고 있다면, 부모님을 교실로 초대해 볼 것을 권한다.

트라우마를 날려버린 독서토론

"교사만큼 편한 직업이 어디 있냐?"

회사에 다니는 친구는 나를 만나면, 종종 자신의 삶을 하소연하며 내게 이런 말을 던진다. 그래, 저도 사는 게 팍팍하다는 이야기일 텐데 이럴 때는 너무 매몰차게 몰아치면 안 되겠지. 그래서 그냥 넉살 좋게 웃어넘기며 한 마디를 건넨다.

"네가 한번 학교 와서 살아봐라."

교사는 바쁘다. 하긴 현재를 살아가는 우리 중에 바쁘지 않은 사람이 누가 있을까? 가만 보면 어른들만 바쁜 게 아니라 아이들도 온종일 바쁘다. 창의성을 키우자고 이야기하는데, 이렇게 바쁜 사람들이 과연 이를 키울 수 있을까? 창의성은 심심할 때 나오지 않던가? 그런데 도통 우리는 심심할 겨를이 없다. 교사도 마찬가지다. 수업, 행정 업무,

생활교육, 학급운영, 상담, 보충학습지도 등등 이 일을 직접 해보지 않은 사람은 교사가 왜 그렇게 바쁜지 잘 이해하지 못한다.

그런데 입버릇처럼 바쁘다는 말을 달고 살지만, 정작 왜 바쁜지 그 의미를 깨닫지 못하고 바쁘니 문제다. 바쁜데 언제 그런 의미를 따져보냐고? 왜 바쁜지 한번 돌아보기라도 해야 바쁘게 해내는 그 일들이 의미가 있을 것 아닌가? 그러니 나에게 물어보았다. '나는 왜 이렇게 바쁠까?', '무엇을 하느라 바쁠까?', '그 일들은 내 삶에 어떤 의미가 있을까?' 왜 바쁜지를 묻다 보니 결국엔 삶의 의미로까지 이어졌다. 교육과정에 삶을 담아가자고 의미부여를 했으니 당연한 수순이었다.

이렇게 묻고 따져보니 바쁜 일에 경중이 가려지고 우선순위가 매겨졌다. 일상수업을 비롯하여 교실문화도 나누고, 우리의 부모님을 모시고 수업도 함께 나눈 것은 교사로서의 내 삶에 큰 의미이자 보람이었다. 그러면서 내 마음도 자랐다. 그래, 이렇게 의미 있는 일, 가치 있는 일, 삶을 느낄 수 있는 일에 무게를 두고 나머지는 뒤로 미루거나 하더라도 대충하면 될 일이었다. 그런 일 대충했다고 내가 대충 사는 것은 아닐 테니 말이다.

동료 교사와 독서토론을 해보고 싶었다. 같은 책을 읽고 서로 살아가는 이야기를 나눈다는 것, 상상만 해도 가슴 떨리는 느낌이었다. 그러면 어떻게 해야 할까? 앞에서 들려준 두 이야기 속에 해법이 있다. 교실을 찾아가면 된다. 마침 전라북도교육연수원에서 독서토론연수를 개설하기 위고 수강생을 모집했다. 5~10명 내외로 한 팀을 이루어 멘토강사가 결합하여 '학교 다시보기', '수업혁신', '교육성찰'을 주제로 독서 후 토론을 진행하는 과정이었다. 더구나 책 2권도 교재로 지급했다. 그리고 보면 전북교육연수원의 연수 방침은 참으로 놀랍다. 아직도 구입한 책을 도서관에 비치하고 관리하기에만 급급한 곳이 태반이지 않던가? 이런 발상의 전환이 학교를 꿈꾸게 한다.

이 연수에 나는 멘토강사로 결합하기로 되어 있었는데, 우리 학교 교사들과 같이 받고 싶었다. 동료 교사는 내 제안을 흔쾌히 받아들여 줬고 드디어 연수를 함께 받는 꿈이 실현되기에 이르렀다. 같은 연수를 함께 받는 것만으로도 나눌 수 있는 이야기는 참 많았다. 독서토론 연수를 신청한 학교가 많다 보니 연수원에서 강사 배치에 어려움을 겪고 있어서 우리 학교의 멘토강사를 내가 직접 해야 했다. 같은 학교 교사들을 상대로 연수를 진행하는 것은 공개수업만큼이나 쑥스러운 일이다. 공개수업도 장학사 앞에서 하는 것보다 같은 학교 교사들 앞에서 하는 것이 신경 쓰이지 않던가? 연수 진행은 부담이 더했다. 서로 너무 잘 아는 것이 때로는 깊이 있는 대화를 이어가는 데 쑥스러움으로 작용하여 방해가 될 수도 있기 때문이다. 그러나 이런 부담을 안고 시작했지만, 결과를 놓고 보면 이게 훨씬 나았다. 나도 우리 학교 교사들과 이런 속내를 겉돌지 않고 풀어볼 기회가 되었으니 말이다.

부담을 주지 않기 위해 참가를 희망하는 교사에 한하여 자율적으로 진행하기로 했는데, 우리 학교 모든 교사가 신청을 했다. 여기에는 관리자를 포함하여 보건교사, 영양교사, 특수교사, 전담교사도 참여했다. 어떻게 이게 가능하냐고? 발품을 팔면 된다. 지금 생각해보면 이런 발품을 팔지 않아 빠진 교사가 있었다면, 당사자가 오히려 많이 서운해했을 것 같다.

　어떤 책으로 시작할지부터가 토론이었다. 연수원에서 추천한 도서 목록을 보고 생각을 나누며 합의점을 도출해가는 과정 자체가 훌륭한 토론이었으니 말이다. 결국, 학생인권 쪽으로 의견이 모였다. 당시 우리 지역의 상황은 학생인권조례가 통과되어 막 시행되던 참인데, 이에 대한 인식을 새롭게 할 필요가 있다는 생각에서였다. 주제를 정하니 교재는 『아이의 사생활』과 『아니야, 우리가 미안하다』로 자연스럽게 모아졌다. 이후 독서토론은 아래와 같은 일정에 따라 바쁜 와중에 한 분도 빠지지 않고 차곡차곡 진행되었다.

　독서토론 중에 우리 모두가 눈물을 흘릴 수밖에 없었던 절대 잊을 수 없는 일이 벌어졌다. 『아니야, 우리가 미안하다』를 읽고 지난 교직 생활을 돌아보며 '아이한테 미안했던 일'을 이야기하는 시간이었는데,

차시	일시	장소	토론주제	도서
1	2013.9.23.(월) 15:00~18:00	도교육청 회의실	독서를 통한 교사성찰과 치유	연수 안내
2	10. 28(월) 15:00~18:00	사랑반	아이 들여다보기	아이의 사생활 Chapter 1-3
3	11. 1(금) 15:00~18:00	사랑반	아이가 가진 무한하고 놀라운 가능성	아이의 사생활 Chapter 4-5
4	11. 4(목) 15:00~18:00	사랑반	학교의 위기, 아이들의 눈물	아니야, 우리가 미안하다 1-2부
5	11. 12(화) 15:00~18:00	사랑반	아이들의 희망 찾기	아니야, 우리가 미안하다 3-4부
6	11. 25(월) 15:00~18:00	사랑반	학생인권 돌아보기	종합 토론

한 교사가 아이를 꾸지람하여 학부모로부터 시달려야 했던 고충을 토로하며 눈물을 쏟아내기 시작했다. 어느 교사인들 이런 사연이 없을까? 그 교사의 이야기를 들으며 우리는 같이 눈물을 흘리면서 자기가 겪었던 누구에게도 말 못하고 트라우마로 남아있는 아픈 기억을 쏟아내기 시작했다. 우리는 모두 눈물을 찔끔거리며 울었다. 교사가 되고 나서 처음 경험한 일이었다. 이 눈물은 다시 오늘을 살아가는 데 큰 힘이 되고 있다.

연수를 계기로 독서토론을 시작했지만, 이후에도 자체적으로 정기적인 독서모임을 진행하고 있다. 같은 책을 읽고 이야기 나누고 싶은 교사들이 모여 책 이야기를 시작으로 살아가는 이야기를 나눈다. 더 이야기하면 사족이 될 것 같다. 독서모임이 우리에게 어떤 자극을 주는지 모임에 참여했던 교사들의 후기를 읽어보는 것이 그 분위기를 더 잘 이해하는 데 도움이 될 것이다.

지금 흘린 눈물만큼 더 훌륭한 교사가…… | 교감 박○○
지금까지 내가 만나온 아이들과 여러 교육적 상황에 대해서 속 깊은 이야기를 꺼내놓고 맘껏 이야기할 수 있어서 좋은 시간이었다. 여기 계신 선생님 모두 지금 흘린 눈물만큼 더 훌륭한 교사가 될 것이라고 믿는다.

이름에 대한 책임감을 느끼며 | 교사 김○○
아이들 작품에 이름을 큼지막하게 써서 칠판에 게시하곤 했다. 오늘도 같은 상황에서 한 녀석이 이름을 엉망으로 써왔기에 "이름은 너를 나타내는 거야, 너의 이름에 책임을 져야지" 하고 말해놓고는 바로 내 속에서 뜨끔 하는 소리를 들었다.

나는 아이들에게 담임선생님이라는 이름으로 과연 잘하고 있는 것일까? 아이들의 특성을 이해하고 아이들의 인권을 살피며, 삶을 사랑하는 힘을 길러주는 교사일까? 이름에 대한 책임감과 부담감이 밀려온다. 아이들에게 좋은 영향을 주는 교사가 되고 싶다.

'학교'라는 이미지 | 교사 이○○

교사라는 집단이 혼자만 할 수 있는 집단이 아니라 함께하는 집단임에도 불구하고, 여러 가지 여건상 만나서 서로 나눌 수 있는 시간이 없었는데 이런 기회로 함께 만나 이야기 나누는 시간이 매우 좋았다. 아이들이 '학교'를 떠올렸을 때 끔찍한 곳, 괴로운 곳이 아닌 행복한 곳, 기분이 좋아지는 곳… 그런 이미지가 되었으면 좋겠고, 그러기 위해 나부터 노력하겠다.

나를 돌아보는 시간 | 영양교사 유○○

처음 연수를 시작할 때는 부담이 조금 있었지만, 이제는 아쉬움이 남는다. 바쁜 가운데도 『아이의 사생활』,『아니야, 우리가 미안하다』 두 권의 책을 읽었다는 뿌듯함과 함께 나를 돌아보는 소중한 시간이었다. 무엇보다 여러 선생님과 같은 주제로 함께 이야기하고 나눈 시간이 너무 소중했다.

독서토론 연수를 마치며 | 교사 정○○

오늘 독서토론 연수를 마쳤다. 유치원 교사, 영양교사, 보건교사를 포함하여 교장 선생님까지 우리 학교 모든 선생님이 같은 과정의 연수를 함께 받았다는 것이 겉으로 드러난 연수 실적이라면, 이 속에서 나누었던 보이지 않는 대화는 우리 가슴에 깊은 울림으로 남았다. 토론 모임을 마치며 선생님들의 소회를 들어보았다. 지난 모임에서 아픈 사연을 쏟아내며 함께 눈물 흘린 동료애를 느꼈던 때문인지 속 깊은 이야기를 내비쳐 주셨다.

'선생님은 왜 이렇게 바쁠까?'

'동료 선생님과 하루에 얼마나 대화를 나누는가?'

'나누는 대화는 주로 어떤 것들인가?'

이런 의문을 갖고 시작했지만, 이 의문은 연수를 마친 지금도 풀지 못했다. 못다한 숙제는 꼭 연수가 아니더라도 어떤 식으로든 함께 풀어가자고 다짐을 하며 힘찬 박수로 모임을 마쳤다.

지역교사공동체를 꿈꾸는 '희망교실네트워크'

　지역 특성상 농촌의 작은 학교에 십여 년 근무하다 보니 동학년 교사끼리 함께 나누는 정보가 늘 부러움의 대상이었다. 그렇게 정보를 나누면 시행착오도 많이 줄이고 합심하여 더 나은 교육 여건을 만들 수 있을 것 같다. 도시 학교들처럼 동학년협의회를 이루어 서로 정보를 나누기가 어렵다면 이웃학교 동학년 교사와 교류하며 이런 활동을 펼치면 좋겠지만, 단위 학교 중심으로 운영되는 여러 여건상 이마저도 쉽지가 않았다.
　지역 교사들과의 소통이 중요하다는 것은 실감하면서도 정작 만남은 배구를 통해서만 이루어졌다. 물론, 이 모임이 의미가 없는 것은 아니었다. 지역 교사끼리 이렇게 부대끼며 정기적으로 얼굴을 보며 운동을 하고 이어지는 뒤풀이 자리에서 나누는 가정사나 누군가의 뒷이야기는 서로의 처지를 공감할 수 있는 큰 힘이 되었다.

하지만 배구 모임에서 학교 이야기를 나눈다는 것, 교사의 삶을 이야기한다는 것은 쉽지 않은 일이었다. 나와 마찬가지로 다들 그런 갈증은 느끼고 있었지만, 흥겨운 그 판을 깨고 싶지 않았던 것이다. 그래서 '삶이 있는 학교 이야기'는 내색도 하지 않고 서로 모르는 체했다. 혹여 옆 반 교실 일에 한마디 거드는 것이 공연한 참견이 되어 실례가 되지 않을까 하여 입을 다무는 것처럼 같은 지역에 근무하면서 서로 얼굴 보는 처지에 그냥 그렇게 속마음을 내비치지 않고 서로 참견하지 않는 것이 미덕이라 여기며 살았다.

그러던 차에 교육청에서 주관하는 수업컨설팅요원이 되어 지역의 여러 학교를 돌아보며 수업을 참관할 기회가 있었다. 수업컨설팅을 신청한 지역 교사들과 이야기를 나누다 보니 많은 교사가 수업을 비롯한 학교혁신에 대한 요구는 강렬했지만, 이를 구체적으로 실현하는 방법을 몰라 어려움을 겪고 있었다. 이는 나 또한 느끼는 갈증이었다.

혁신적인 마인드로 자신의 삶과 교실을 가꾸어가는 교사가 많다. 이런 교사들이 겪는 어려움은 혼자라는 외로움이다. 이런 어려움을 극복하기 위해 뜻이 있는 지역의 교사들이 정기적으로 만나며 학교 이야기를 나누는 것이 큰 의미가 있겠다는 생각이 들었다. 더구나 공립학교의 교원은 일정 주기가 되면 다른 학교로 옮겨야 하므로 단위 학교도 중요하지만, 지역을 기반으로 한 교사모임이 꾸려진다면 이런 단절을 극복할 수 있을 거라는 생각이 들었다. 익산지역을 기반으로 한 교사공동체인 '희망교실네트워크'는 바로 이런 갈증에서 출발했다.

> **희망교실네트워크는?**
>
> 지역교사들과 함께 교실 문을 열고   [열린교실]
> 수업 친구가 되어 함께 배우며   [배움 교실]
> 교실문화를 나누며 성장하는   [나눔 교실]
>   지역교사공동체이다.

    이 모임의 토대는 애초에 혁신학급으로 제안되었다. 2011년 10월 전북교육정책연구소에서 주관하는 〈현장 교사에게 듣는다〉라는 행사에 제안자로 참가한 나는 혁신학교의 효과를 확산하고 일반 학교의 상대적 소외감을 극복하기 위한 방안으로 혁신학급의 어감을 순화하여 '희망교실'이라는 이름의 프로젝트를 제안했다.

    희망교실은 일상적으로 교실 문을 열고 교실문화를 나누고자 하는 교사를 교육청에서 공개 모집한 후에 이를 수업컨설팅과 연계하여 수업참관을 희망하는 동료 교사에게 거꾸로 희망교실을 운영하는 교사가 자신의 수업과 교실문화를 보여주고 참관자와 함께 대화를 나누어가는 방식이었다. 백문불여일견(百聞不如一見)이라 하지 않는가? 이는 지도·조언 중심의 장학 패러다임을 전환하여 동료 교사의 교실에 찾아가 수업을 보는 기회를 확대하고 이를 수업컨설팅으로 활용하자는 취지였다.

    이 제안은 참석자들의 공감을 샀으나 구체적으로 제도화하여 실행하기에는 여러 가지 행정적인 검토가 필요했기 때문에 곧바로 실현시키지 못하는 아쉬운 상황이었다. 그래도 포기할 수 없는 일이었다. 그래서 찾은 해법이 지역에서 운영되는 소규모 교사모임을 통합하는 것이었다.

2012년 말을 기준으로 익산지역에는 교원단체에서 운영하는 교사모임을 비롯하여 자생적인 교사소모임과 각 단위 학교에서 운영하는 수업혁신동아리 등이 운영되고 있었다. 이런 모임은 공부모임 성격을 띠며 각자의 영역에서 구성원 간에 지속적인 연대를 통해 공감을 키워 가고 있었다. 하지만 이 또한 몇몇 구성원 간의 모임으로 개인의 성장에는 큰 도움이 되었지만 '같이의 가치'를 담아내지 못하는 아쉬움이 있었다. 그래서 이 모임을 운영하는 대표자들과 협의하여 지역 차원의 통합적인 교사모임을 꾸리는 데 합의하고 취지에 공감하는 교사들이 한 달에 한 번이라도 지속적으로 만나 학교 이야기를 나누는 것으로 방향을 잡았다. 이런 취지에 공감하는 교사를 모집한 결과 30여 개 학교, 60여 명의 교사가 자발적으로 모였다. 거기에 지역 교사들과 인식을 공유하고자 교육지원청 장학사까지 함께하면서 힘찬 출발을 할 수 있었다.

출발은 했지만, 운영 방식이 문제였다. 60여 명의 교사가 지속적으로 모이려면 연결 고리가 있어야 했다. 이러던 차에 전북교육연수원에서 운영하는 현장맞춤형연수가 좋은 촉매제가 될 수 있것 같아 계획서를 작성하여 연수원에 제출했다. 교사들의 자발적인 연구모임을 지원하는 추세인지라 쉽게 선정될 줄 알았으나 이마저도 여의치가 않았다. 연수원에서는 연수 기간이 너무 길고, 참여 인원이 많은 것을 들어 운영의 어려움이 있지 않겠느냐는 우려를 표했다. 그러나 지역 교사들의 의지를 확인한 연수원에서는 이 연수를 1, 2학기 두 개 강좌로 나누어 신청할 수 있도록 배려해주었고, 마침내 이 모임은 현장맞춤형 연수로 선정되었다. 이를 계기로 강사 및 연수 장소를 연수원으로부터 지원받게 된 것은 막 태동한 교사공동체 모임을 운영하는 데에 큰 도움이 되었다.

교사모임을 꾸리자니 운영비에 대한 고민도 깊었다. 60여 명이 모인 교사모임도 운영비가 필요했다. 교사동아리로 등록하여 운영비를 지원받고자 했지만, 대다수 교사가 이미 다른 동아리에 가입한 상황이다 보니 중복 신청을 불허하는 교육청의 방침 때문에 불가능했다. 고민하던 참에 2013년 2월 전북교육청에서 모집하는 '토론협력형수업선도학교' 공문이 눈에 들어왔다. 이 계획의 취지는 토론협력의 학교문화 정착을 위해서 선정된 학교에 일정 예산을 지원해주는 것이었다. 교육청 담당 장학사에게 희망교실네트워크의 취지를 설명하고 이 프로그램을 단위 학교에 국한하지 않고 지역 차원에서 연대하여 운영하는 방식으로 응모가 가능한지 물었더니 긍정적인 답변을 해주었다. 이런 노력으로 현재 근무하는 학교를 중심학교로 하여 30여 개 학교, 60여 명의 교사가 정기적으로 공부모임을 할 수 있는 지역교사공동체가 만들어졌다. 이 모임은 차차 확산되어 2014년 현재는 75명의 지역 초등교사가 동학년 커뮤니티를 중심으로 정기적인 만남을 이어가고 있다.

이렇게 꾸려진 교사모임은 어떻게 운영되었을까?

좋은 강의도 들으며 친목을 도모했던 정기모임

첫째, 매월 1회 정기 모임을 가졌다. 매월 마지막 주 수요일을 정기 모임의 날로 정하고 강의를 함께 듣고 뒷풀이를 겸하여 지역 교사들의 커뮤니티 장으로 활용했다. 함께 듣는 강의도 좋았지만, 이렇게 공부를 매개로 얼굴을 볼 수 있다는 것은 또 다른 설렘이었다.

둘째, 동료 교사의 교실을 찾아가는 교실문화탐방을 이어갔다. 희망교실네트워크가 여느 연수와 다르게 가장 돋보이게 운영한 부분이다. 보통의 연수라면 강사와 연수생이 있다. 이 과정은 특별히 선정된 강사 없이 같은 연수생 입장인 동료 교사끼리 멘토-멘티 관계를 맺어 서로 교실을 탐방하며 교실문화를 나누는 시간이었다. 교실문화탐방 과정은 처음에는 주제 이야기로 모둠을 구성했는데, 이후에는 동학년 커

주제별 이야기를 나누며 함께 풀어갔던 교실문화탐방

뮤니티로 발전했다.

교실문화탐방 활동 내용과 소감을 간략한 보고서로 작성하여 다른 모둠과 공유했는데, 참여 소감을 되짚어보면 동료 교사와 함께 나눈 교실문화탐방이 어떤 의미가 있는지 확실히 알 수 있다.

- 여러 학교의 이야기를 나누다 보니 비교하며 좋은 점을 취할 수 있어서 좋았다. 특히, 자전거를 배운다는 이야기는 감동이다.
- 경력 있는 선배 교사들의 살아 있는 이야기를 들을 수 있어서 좋았다.
- 바로 수업할 가게놀이에 대한 아이디어를 얻을 수 있어서 좋았다.
- 나 자신을 돌아보는 기회였다.
- 학교 내에서 동학년 커뮤니티가 잘 이루어지면 좋겠다는 생각이 든다. 교사의 본분에 맞는 이야기를 나눌 수 있어서 좋았다. 이 선생님들과 같은 학교, 같은 학년에 근무하고 싶다.
- 자발적인 모임이어서 더 참여 욕구가 생긴다.
- 오랜만에 동기를 만나서 아주 좋았다. 게으름을 자꾸 깨우쳐주는 연수가 될 것 같다.
- 초등 선생님들과 같이하는 연수 기회가 흔치 않은데, 이렇게 이야기를 나누다 보면 유초등 연계교육에 많은 도움이 될 것 같다.
- 만남은 언제나 소중하고, 그 만남은 나에게 위로가 되고 힘이 된다. 같은 고민을 하는 동료가 있다는 게 정말 좋다.
- 각자 처한 환경은 다르지만, 비슷한 고민을 하고 있어서 이야기를 듣는 것만으로도 힘이 된다.
- 교사는 학생과 항상 만남의 관계가 있다. 이런 소중한 만남의 관계 속에서 자존감을 세워줄 수 있는 관계를 만들기 위해 노력해야겠다.
- 전담수업을 하다 보면 사전지식 편차가 커서 지도에 어려움을 느끼는 경우가 많은데, 선생님들의 이야기를 들으며 우리 학교 아이들의 모습이 떠올라 많은 부분 공감이 된다.
- 영어전담을 하고 있는데, 전담과목 노하우 나눔이 큰 도움이 되었다.

> - 학생 집중관찰을 하는 수업참관은 처음이라 많이 배울 수 있었다.
> - 지역사회에 대한 포괄적이거나 미시적인 부분을 고민하고 생각을 나누는 계기였고, 앞으로 교사로서 지역사회와 연계한 교육을 어떤 방향으로 해야 할지 가닥을 잡을 수 있었다.
> - 비슷한 고민을 하는 선생님들과 함께한 것이 의미 있는 발자국으로 남을 것 같다.
> - 함께 고민하고 최선을 찾아가는 과정이 교사로서의 자존감에 좋은 영향을 미쳤다.
> - 자기의 왕국인 교실을 벗어나 다른 학교와 교실을 탐방한다는 것 자체로도 의미 있는 일이라 생각한다. 거기에다가 하나의 주제에 관해 토의한다는 것은 더욱 영양가가 있다.

셋째, 학기별 1회씩 희망교실 이야기 마당을 진행했다. 우리의 마음을 흔들 수 있는 강사를 초대하여 주제 강연을 듣고, 주제별 분임토의를 진행하고, 동학년 커뮤니티의 활동 내용을 공유하며 함께 성찰하는 시간을 가졌다. 2학기 이야기 마당은 지난 1년간의 지역교사공동체 모임을 돌아보는 평가회였다. 영상을 통해 지난 1년의 활동을 돌아보고 소감을 듣는 시간을 가졌다. 이어서 배움의 길을 함께 걸은 동료에게 하고 싶은 말이나 궁금한 것을 미리 받아서 뽑기 형태의 PPT자료로 준비한 다음 해당 문제의 번호표를 가진 교사가 답하는 방식으로 진행되었다. 이 자리에서 나눈 질문과 답변은 새로운 만남을 준비하는 데 중요한 시사점을 던져주었다.

희망교실 워크숍

넷째, '희망교실 이야기' 자료집을 발간했다. 모둠별로 나눈 주제 이야기와 동학년 커뮤니티 이야기는 메신저와 페이스북을 통해서 공유했다. 또한, 현장에 넘쳐나는 계획서나 보고서가 아니라 배움의 과정에서 생생하게 느낀 우리의 생각을 담아내는 노력의 일환으로 〈희망교실 이야기 1, 2〉라는 이름의 자료집으로 묶어 공유했다. 모둠이 자유롭게 나눈 주제별 학교 이야기는 QR코드를 읽으면 만날 수 있다.

희망교실 이야기 자료집

희망교실 이야기 마당

"혼자가 아니라는 것을 알았다"

    교사모임을 함께한 교사들이 성찰의 시간에 가장 많이 했던 말이다. 어쩌면 우리는 같은 꿈을 꾸고 있었지만, 그 꿈 이야기를 하고 나누는 방법을 몰라 홀로 텅 빈 교실을 지켰는지도 모른다. 희망이라는 말에는 바람이 담겨있고 이 바람은 우리에게 용기를 깨우쳐준다. 우리는 모두 지금껏 꿈꾸며 살아왔으며, 평생 꿈꾸며 살아갈 것이다. 우리가 꿈꾸는 학교는 이런 용기 있는 희망을 '여럿이 함께', '따로 또 같이' 꿀 때에 이루어진다.

   모이자! 떠들자! 꿈꾸자!

| 닫는 글 |

 일요일 아침 일찍 눈이 떠졌다. 원고도 마무리하고 동물농장에 키우는 토끼와 닭의 먹이도 주려고 학교에 왔다. 안개 자욱한 가을 들녘을 가로질러 학교에 도착하니 새들이 지저귀며 먼저 반갑게 반긴다. 동물농장에 다가가니 내 발걸음 소리만 듣고도 토끼와 닭이 문 앞으로 모여든다. 금요일에 퇴근하면서 휴일을 감안하여 먹이를 많이 주고 갔는데, 어찌나 먹성이 좋은지 벌써 다 먹었나 보다.
 서둘러 사료를 떠서 동물농장 문을 열고 들어서니 비어있을 줄 알았던 먹이통에 달걀 두 개가 있다. 봄에 아이들과 함께 동물농장을 만들고 병아리부터 키우기 시작했는데, 그 병아리들이 자라 이제 첫 알을 낳은 것이다. 지난달에 태어난 토끼 세 마리도 이제 아기 티는 벗고 활개를 치며 놀고 있다. 달걀을 조심스럽게 먹이통에서 꺼내놓고 사료와

물을 듬뿍 담아주었다. 토끼와 닭은 허기가 졌던지 정신없이 먹이를 먹는다. 동물농장 옆 텃밭을 보니 옥수수대공을 베어내고 아이들과 함께 심었던 배추가 아침이슬을 머금고 알이 차오르고 있다.

바쁜 학교살이지만, 이렇게 동물농장을 만들고 텃밭을 가꾸기 잘했다. 이제 이곳에 일부러 짬을 내어 들린다. 이러고도 조금 더 짬이 나면 교정을 한 바퀴 걷는다. 이렇게 일하고 걷다 보면 마음이 차분해지고 복잡했던 머릿속이 개운해진다. 내가 이렇게 동식물을 살피고 있으면 아이들도 동료 교사도 텃밭에 관심을 보이고 같이 교정을 걷기도 한다. 텃밭에 앉아 작물을 만지고, 토끼랑 닭이랑 커가는 것을 지켜보고, 교정을 걸으며 도란도란 나누는 이야기가 좋다.

그런데 내 기억 속의 학교 텃밭은 좋지 않은 기억이 더 많다. 학년별로 푯말이 박힌 텃밭은 또 하나의 막중한 일거리였다. 노작교육이라는 이름을 내걸었지만, 누군가의 일방적인 지시에 의해 시스템으로 굳어진 텃밭 일은 노작이 아니라 노역이었다. 돌아보면 학교의 모든 교육이 대부분 이랬다. 교육과정도 억지로 가꾸어야 하는 학교 텃밭과 다를 바 없었다.

교육과정을 중심으로 학교를 세우고자 했다. 그러자면 성찰과 소통을 통해 공감을 키우는 것이 실제 우리의 일상이 되어야 했다. 이런 공감을 교육과정에 담으면 교육과정은 꼭 필요한 내용만 들어가고 이렇게 얇아진 만큼 남은 자리는 우리의 삶으로 채워졌다. 동물 키우는 학교에 가고 싶다는 아이들의 바람에 힘입어 아이들과 동물농장을 만들면서 함께 땀을 흘렸다. 어린 생명과 새싹이 자라는 모습을 지켜보려고 시간이 날 때마다 아이들도 나도 이곳에 살다시피 했다. 채 피지도 못한 어린 병아리가 세상을 떠날 때면 부드러운 흙으로 덮어주며 얼마나 안타까워했던가? 이렇게 상심하고 있을 때 아기 토끼가 태어났다. 생명은 치유의 힘이 있다는 걸 아이들도 나도 그렇게 직접 익히며 배웠다.

'종이교육'에 대한 성찰을 시작으로 교육과정에 삶을 담고자 했던 작은 움직임은 아이들과 나에게 상장(賞狀)보다 훨씬 더 기쁜 성장(成長)을 맛보게 해주었다. 물론, 성장통도 많았다. 그러나 이런 일련의 과정을 돌아보면 나도 아이들도 다니고 싶은 학교를 상상하게 했고 그 상상을 하나씩 이루어갔다. 성장의 기쁨도 있었지만, 이를 기록하고 다시 원고로 다듬는 과정은 참으로 고통스러웠다. 이 또한 성장통이라 여긴다.

가감 없이 담고자 했으나 그래도 세상에 내놓기가 많이 부끄럽다. 아직 영글지 않은 생각을 이렇게 묶어서 내는 것이 내가 그토록 경계하려 했던 어떤 매뉴얼 하나를 추가하는 것은 아닌지 걱정도 앞선다. 그래서 나 또한 이를 일반화하여 적용하지 않으려고 한다. 이는 올해, 우리 학교 선생님들과 우리 아이들에게나 어울릴만한 것이지 이 중에 하나라도 바뀌면 다시 새로 짜야 하는 판이기 때문이다. 그래서 해마다 교육과정의 새 판을 짜는 일을 게을리하지 않을 것이다.

한편 의아하기도 하다. '종이교육'을 비판하며 이를 줄이려고 노력하다 보니 내가 그토록 못마땅해하던 교육과정보다 더 두꺼운 책이 만들어졌다. 그래도 이 책은 지금까지 학교에서 만들어왔던 그 어떤 책

보다 각별한 애정이 간다. 이 속에 내가 그렇게 목말라했던 아이들과 나의 삶이 들어있기 때문이다.

  암탉이 알을 품을 수 있도록 작은 둥지를 마련해주었다. 내일 아침이면 알을 품는 암탉을 보고 좋아서 어쩔 줄 몰라 할 아이들의 얼굴이 떠오른다. 암탉이 잘 품어주고 우리가 정성 들여 보살피면, 이 작은 알은 또 새로운 생명을 태어나게 할 것이다.

  내게 이 책은 갓 낳은 달걀과 같다. 생각의 깊이가 얇고 실천의 노력이 미미하여 작은 충격에도 쉬 깨어질 것 같다. 이런 책을 붙들고 같이 학교에 대한 상상을 품었다면, 그저 고마울 따름이다.

에듀니티
행복한연수원 원격연수
happy.eduniety.net

30시간 2학점 원격연수

함께 만들어가는 학교

[학교혁신]
학교를 변화시키는 초등사례

전국 7개 **새로운 학교**의 철학과 교육과정, 수업의 노하우와 현장의 목소리를 담았습니다.

목차
01. 학교혁신 추진 전략과 과제

보평초등학교
02. 학습자가 선택하는 교육과정-다빈치 프로젝트
03. 3무3행으로 보평의 학교문화를 이야기하다
04. 교육활동이 중심되는 학교조직

거산초등학교
05. 아이들을 사랑하는 교사들, 학교를 바꾸다.
06. 삶을 담는 문학교육
07. 교육과정을 재구성한 생태교육
08. 학교교육의 진화-문화예술교육

구름산초등학교
09. 도시형 거대학교의 새로운제안- 스몰스쿨
10. 구름산의 수업과 미래생태교육
11. 개교프로젝트 그리고 아이들이 만들어가는 행복동아리
12. 지역과 함께하는 아름드리 학교

백원초등학교
13. 아이 눈으로 수업보기 1
14. 아이 눈으로 수업보기 2
15. 아이 눈으로 수업보기 3

상주남부초등학교
16. 행복한 삶을 위한 도전, 아이들의 이야기를 담는 학교환경
17. 날마다 두근두근 행복한 작은학교
18. 상주남부의 수업혁신 "프로젝트학습"
19. 놀이처럼, 공부도 놀이처럼

송산초등학교
20. 남도의 작은학교, 새로운 희망을 꿈꾸다(수정검토)
21. 새로운 시도-무학년프로젝트수업
22. 체험과 도전으로 재구성한 교육과정
23. 모두가 행복한 학교공동체

조현초등학교
24. 교장선생님, 조현에서 길을 묻다.
25. 조현의 맞춤 9형태 교육과정
26. 틱장애도 ADHD도 학교안에서 치유하기
27. 수업과 학습을 돕는 학교지원체제

국제
28. 국제심포지엄을 통해 본 세계의 교육

토크토크
29. 교사들의 생생토크1-성공적인 학교혁신을 위한 노하우
30. 교사들의 생생토크2-학교 혁신 어떻게 준비하고 어떻게 해야 하나

전국교직원노동조합과 함께 만들었습니다.
http://www.eduhope.net

참여교사 거산초등학교 복준수, 장종천, 최은희, 한진희 / 구름산초등학교 고은정, 김은숙, 김은혜, 양경희, 진정아, 홍명희
보평초등학교 서길원 교장, 허승대 / 백원초등학교 김현정, 서근원 교수님, 최진열
상주남부초등학교 김주영, 백미연, 이용운, 전종태, 조용기 교수님 / 송산초등학교 김현진, 오선영 / 조현초등학교 이중현 교장, 박성만

행복한연수원 원격연수   happy.eduniety.net

30시간 2학점 원격연수

종이교육과정에 던지는
정성식 선생님의 통쾌한 스트라이크!

[초등]교육과정에 돌직구를 던져라

실제 학교 현장의 사례를 통해 변화에 대한 두려움은 줄이고 공감하며, 올바른 교육과정에 대한 이해를 바탕으로
학생과 교사 모두가 행복한 학교를 만들 수 있는 운영방법을 제시하고자 합니다.

〈1부〉 교육과정에 삶이 있는가?

1. 교육과정의 현실 들여다보기
2. 교사가 말하는 교육과정
3. 교사와 교육법
4. 교육과정과 교사의 삶
5. 학교교육과정의 현실
6. 교육과정과 교육평가
7. 학교교육과정의 법적 근거
8. 학교교육과정과 방과후학교(1)
9. 학교교육과정과 방과후학교(2)
10. 교육과정과 학교회계 이해하기
11. 학교회계를 읽어라

〈2부〉 교육과정에 삶을 담자

12. 학교교육과정의 관점을 전환하라
13. 교육공동체의 약속을 정하자
14. 교육과정워크숍의 의미와 방법
15. 교육과정워크숍의 실제, 교육을 이야기하라
16. 다니고 싶은 학교를 상상하라
17. 아이의 눈으로 쓰는 교육과정
18. 성취기준과 연결하라
19. 학부모와 함께하는 교육과정
20. 교육과정은 학교자치로 꽃핀다
21. 수업친구를 만들어라
22. 의미 있는 실천, 교사학습공동체
23. 교육과정이 깊어지는 독서모임
24. 공감을 기록하라
25. NEIS 교육과정 편성의 이해
26. NEIS로 교육과정 편성하기 실제(1)
27. NEIS로 교육과정 편성하기 실제(2)
28. 전주신동초, 교육과정 재구성의 시작
29. 전주신동초, 교육과정 재구성을 넘어 개발로
30. 살아있는 교육과정을 위하여

강의 정성식

現 실천교육교사모임 회장 / 전북교육청 농어촌교육 희망 찾기 TF 위원
교육과정, 수업 컨설팅 참여 / 각 시·도교육연수원 1정연수, 자격연수, 직무연수 다수 출강
저서 교육과정에 돌직구를 던져라(에듀니티, 2014)